SIGM. FREUD

GESAMMELTE WERKE

CHRONOLOGISCH GEORDNET

SIEBZEHNTER BAND

SCHRIFTEN
AUS DEM NACHLASS

FISCHER TASCHENBUCH VERLAG

Unter Mitwirkung von Marie Bonaparte,
Prinzessin Georg von Griechenland
herausgegeben von
Anna Freud

E. Bibring   W. Hoffer   E. Kris   O. Isakower

Veröffentlicht im Fischer Taschenbuch Verlag GmbH
Frankfurt am Main 1999, November 1999

© 1941 Imago Publishing Co., Ltd., London
Alle Rechte, insbesondere die der Übersetzung, vorbehalten
durch S. Fischer Verlag, Frankfurt am Main
Druck und Bindung: Clausen & Bosse, Leck
Printed in Germany
ISBN 3-596-50300-0 (Kassette)

SCHRIFTEN AUS DEM NACHLASS
1892 - 1938

VORWORT DER HERAUSGEBER

Der wissenschaftliche Nachlass Sigmund F r e u d s, den die Herausgeber in diesem Band zusammenfassen, ist seinem Umfang nach gering. Die Ursache dafür liegt in der Arbeitsweise des Autors. Freud schrieb für die Publikation; er übergab der Öffentlichkeit, was fertiggestellt war, und vernichtete wieder, was als Vorarbeit überholt war oder ihm nicht druckreif schien. Die wenigen in diesem Band enthaltenen Entwürfe und Skizzen sind Ausnahmen, die diesem Schicksal aus verschiedenen Gründen entgangen sind.

Beispiele für zufällige Erhaltung sind die drei kurzen „Beiträge zu den Studien über Hysterie". Sie entstammen dem schriftlichen Gedankenaustausch zwischen Breuer und Freud aus der Zeit vor der Publikation ihrer gemeinsamen Arbeiten. In einem Brief vom 8.X. 1909 bestätigt Freud ihre Rückstellung wie folgt: „Nehmen Sie meinen ergebensten Dank für die Überlassung der alten Skizzen und Entwürfe, die mir in der Tat sehr interessant erscheinen. Mit dem Abschnitt über den Anfall dürfte es sich so verhalten wie Sie vermuten, doch habe ich Manuskripte nach dem Druck nicht mehr aufbewahrt."

Das Vorhandensein des Artikels „Eine erfüllte Traumahnung" und der unausgeführten Skizze „Das Medusenhaupt" ist nicht weiter begründet. Beide dürften der Vernichtung durch Zufall entgangen sein.

„Psychoanalyse und Telepathie" ist für die mündliche Mitteilung vor dem engeren Zentralvorstand der psychoanalytischen Vereinigung geschrieben. Als solche Adresse ist es persönlicher gehalten und enthält mehr Einzelheiten als für die Veröffentlichung im Druck geplant war. Die Herausgeber haben sich durch diese grössere Ausführlichkeit bestimmen lassen, die Arbeit (mit einigen wenigen Auslassungen) in der ursprünglichen Form abzudrucken, obwohl ihre Ergebnisse den Lesern aus den späteren Verarbeitungen bekannt sind.

Auch die „Ansprache an die Mitglieder usw." ist für die mündliche Mitteilung und nicht für den Druck geschrieben. Es ist im Augenblick nicht möglich festzustellen, ob sie in den „B'nai B'rith Mitteilungen für Österreich" Jahrgang 1926, (für „dem Verbande nicht Angehörende als Manuskript gedruckt") erschienen ist. Die Herausgeber entschlossen sich zu ihrer Aufnahme in diesen Band nicht wegen des wissenschaftlichen Inhalts, sondern weil sie bestimmte Gedankengänge F r e u d s zu Problemen von allgemeinem Interesse entwickelt.

Wichtiger als diese mehr zufällige Auswahl aus den früheren Schriften sind die Arbeiten aus dem Jahre 1938, die den eigentlichen wissenschaftlichen Nachlass Freuds enthalten. Sie umschreiben den Problemkreis, mit dem Freud in seinen letzten Arbeitsjahren beschäftigt war. Ihre Erhaltung und Aufnahme bedarf keiner weiteren Begründung: es sind unfertige Arbeiten, deren Vollendung durch die letzte Erkrankung des Autors unterbrochen wurde. Der „Abriss der Psychoanalyse" entstand aus der Bemühung, eine Darstellung der Psychoanalyse zu geben, die knapper und elementarer sein sollte als die bis dahin vorhandenen. Der Versuch schien Freud nicht gelungen. Er begann in „Some Elementary Lessons etc." die Arbeit umzuschreiben, um ihr eine andere noch mehr vereinfachte Fassung zu geben. Der englische Titel dieser Arbeit trägt der neuen Umgebung Rechnung, für deren Leserkreis sie bestimmt war. Die „Ichspaltung im Abwehrvorgang" gibt Rechenschaft von dem Versuch, Vorgänge der Ichentwicklung unter einem neuen Gesichtspunkt, dem der Spaltung und Synthese, anzusehen, „Ergebnisse, Ideen, Probleme" haben die bei Freud übliche Form der tagebuchartigen Aufzeichnung von Überlegungen, die sich ihm aus der täglichen Arbeit an Patienten ergaben und gewöhnlich den ersten Ansatzpunkt für spätere Arbeiten enthielten. Sie sind das einzige Blatt dieser Art, das erhalten ist. Alle ähnlichen Notizen aus den vorhergehenden Jahren sind von Freud selbst vor seiner Abreise von Wien vernichtet worden.

Im Besitze der Herausgeber befinden sich ausser dem hier veröffentlichten Material noch die zahlreichen Briefe Freuds, die zum Teil wertvolle wissenschaftliche Hinweise enthalten, einige verstreute Anmerkungen zu verschiedenen Themen, die durch andere Veröffentlichungen überholt erscheinen, eine ausführliche Krankengeschichte des „Rattenmannes" (Bemerkungen zu einem Fall von Zwangsneurose), die sich aus Gründen der ärztlichen Diskretion zur Publikation nicht eignet, und eine erste Fassung des „Moses", die vielleicht in einem späteren Zeitpunkt der Öffentlichkeit übergeben werden kann.

London, im August 1940.

BEITRÄGE ZU DEN „STUDIEN ÜBER HYSTERIE"

BRIEF
AN JOSEF BREUER

Brief an Josef Breuer, vom 29.6.1892 datiert. Die in eckigen Klammern eingefassten Sätze und Worte sind im Manuskript durchgestrichen.

29.6.92.

Verehrtester

Die Befriedigung, mit welcher ich Ihnen arglos meine paar Seiten überreichte, ist dem Unbehagen gewichen, welches sich an beständige Denkschmerzen zu knüpfen pflegt. Ich quäle mich mit dem Problem, wie man etwas so Körperhaftes wie unsere Hysterielehre flächenhaft darstellen kann. Die Hauptfrage ist wohl die, stellen wir es historisch dar, fangen mit allen oder den zwei besten Krankengeschichten an, oder vielmehr dogmatisch mit unseren zur Erklärung erfundenen Theorien. Ich neige mich der letzteren Entscheidung zu und würde so gliedern:
1.) Unsere Theorien:
    a) Der Satz von der Konstanz der Erregungssumme.
    b) Die Theorie der Erinnerung.
    c) Der Satz, dass der Inhalt verschiedener Bewusstseinszustände nicht miteinander assoziiert wird.
2.) Die Entstehung der hysterischen Dauersymptome: Traum, Autohypnose, Affekt und Wirkung des absoluten Traumas. Die drei ersten Momente auf Disposition, das letzte auf Aetiologie bezüglich. Die Dauersymptome entsprächen normalem Mechanismus, sie sind [Reaktionsversuche, zum Teil auf abnormen Wegen, das Hysterische daran, dass sie bleiben. Der Grund für ihr Verbleiben liegt im Satz c).] Verschiebungen von Erregungs-[Nebenthema]summen z.T. auf abnorme Wege (innere Veränderung), welche nicht gelöst werden. Grund der Verschiebung: Versuch der Reaktion, Grund des

Verbleibens: Satz c) von der Isolierung für die Assoziation. — Vergleich mit Hypnose —
Nebenthema: Über die Art der Verschiebung: Lokalisation der hysterischen Dauersymptome.

3.) **Der hysterische Anfall**: Gleichfalls Reaktionsversuch auf Wege des Erinnerns usw.

4.) **Die Entstehung der hysterischen Stigmata**: Recht dunkel, einige Andeutungen.

5.) **Die pathologische Formel der Hysterie**: Dispositions- und accidentelle Hysterie. Die Reihe, die ich aufgestellt. Die Grösse der Erregungssumme, Begriff des Traumas, der zweite Bewusstseinszustand.

ZUR THEORIE DES
HYSTERISCHEN ANFALLES
(GEMEINSAM MIT JOSEF BREUER)

Das Manuskript, ein Entwurf, der an Breuer gesendet wurde, in der Handschrift Freuds geschrieben, trägt das Datum: Wien, Ende November 1892. Einzelne Abschnitte sind in der vorläufigen Mitteilung „Über den psychischen Mechanismus hysterischer Phänomene" (Neurologisches Zentralblatt, Jahrgang 1893; „Studien über Hysterie" 1895) enthalten. Die Arbeit ist mit Zustimmung der Erben Breuers in der Internationalen Zeitschrift für Psychoanalyse und Imago, Band XXV, 1940, Heft 2, erschienen.

Es gibt, soviel uns bekannt ist, noch keine Theorie des hysterischen Anfalles, sondern bloss eine von C h a r c o t herrührende Beschreibung desselben, welche sich auf die selten vorkommende, unverkürzte „grande attaque hystérique" bezieht. Ein solcher „typischer" Anfall besteht nach Charcot aus vier Phasen, 1) der epileptoiden, 2) den grossen Bewegungen, 3) der Phase der „attitudes passionelles", 4) dem „délire terminal". Indem sich einzelne dieser Phasen selbständig machen, verlängern, modifizieren oder ausfallen, entstehen nach Charcot alle jene mannigfaltigen Formen von hysterischen Anfällen, die man als Arzt häufiger als die typische grande attaque zu beobachten Gelegenheit hat.

Diese Beschreibung bietet keinerlei Aufklärung über einen etwaigen Zusammenhang der einzelnen Phasen, über die Bedeutung des Anfalles im Gesamtbilde der Hysterie oder über die Modifikation der Anfälle bei den einzelnen Kranken. Wir gehen vielleicht nicht irre, wenn wir vermuten, dass bei der Mehrzahl der Ärzte die Neigung vorherrscht, im hysterischen Anfall eine „periodische Entladung der motorischen und psychischen Zentren der Hirnrinde" zu sehen.

Wir sind zu unseren Anschauungen über den hysterischen Anfall dadurch gelangt, dass wir Hysterische mit hypnotischer Suggestion behandelten und durch Ausfragen in der Hypnose ihre psychischen Vorgänge während des Anfalles erforschten. Wir stellen folgende Sätze über den hysterischen Anfall auf, denen wir noch die Bemerkung vorausschicken, dass wir die Annahme einer Dissoziation — Spaltung des Bewusstseinsinhaltes — für unentbehrlich zur Erklärung hysterischer Phänomene erachten.

1.) Konstanter und wesentlicher Inhalt eines (wiederkehrenden) hysterischen Anfalles ist die Wiederkehr eines psychischen Zustandes, den der Kranke bereits früher einmal erlebt hat, mit anderen Worten, die W i e d e r k e h r e i n e r E r i n n e r u n g. Wir behaupten also, dass das wesentliche Stück des hysterischen Anfalles in der C h a r c o t'schen Phase der attitudes passionelles enthalten ist. In vielen Fällen ist es ganz offenkundig, dass diese Phase eine Erinnerung aus dem Leben des Kranken, und zwar häufig immer die nämliche, enthält. In anderen Fällen aber scheint eine solche Phase zu fehlen, der Anfall besteht anscheinend nur aus motorischen Phänomenen, epileptoiden Zuckungen, einem kataleptischen oder schlafähnlichen Ruhezustand, aber auch in diesen Fällen g e s t a t t e t d i e A u s f o r s c h u n g i n d e r H y p n o s e d e n s i c h e r e n N a c h w e i s e i n e s p s y - c h i s c h e n E r i n n e r u n g s v o r g a n g e s, wie er sich sonst in der phase passionelle augenfällig verrät.

Die motorischen Erscheinungen des Anfalles sind nie ausser Zusammenhang mit dem psychischen Inhalt desselben; sie stellen entweder den allgemeinen Ausdruck der begleitenden Gemütsbewegung dar oder entsprechen genau jenen Aktionen, welche der halluzinatorische Erinnerungsvorgang mit sich bringt.

2.) D i e E r i n n e r u n g, w e l c h e d e n I n h a l t d e s h y s t e r i - s c h e n A n f a l l e s b i l d e t, i s t k e i n e b e l i e b i g e, s o n d e r n i s t d i e W i e d e r k e h r j e n e s E r l e b n i s s e s, w e l c h e s d e n h y s t e r i s c h e n A u s b r u c h v e r u r - s a c h t h a t — d e s p s y c h i s c h e n T r a u m a s.

Dieses Verhältnis ist wiederum augenfällig in jenen klassischen Fällen traumatischer Hysterie, wie sie C h a r c o t bei Männern kennen gelehrt, in denen das früher nicht hysterische Individuum von einem einzigen grossen Schreck an (Eisenbahnunfall, Sturz etc.) der Neurose verfällt. Hier bildet der Inhalt des Anfalles die halluzinatorische Reproduktion jenes mit Lebensgefahr verbundenen Ereignisses, etwa nebst den Gedankengängen und Sinneseindrücken, die das bedrohte Individuum damals angesponnen. Aber diese Fälle verhalten sich nicht abweichend von der gemeinen weiblichen Hysterie, sondern sind geradezu vorbildlich für dieselbe. Erforscht man bei letzterer den Inhalt der Anfälle auf dem angegebenen Wege, so stösst man auf Erlebnisse, welche gleichfalls ihrer Natur nach geeignet sind als Trauma zu wirken (Schreck, Kränkung, Enttäuschung). In der Regel wird das vereinzelte grosse Trauma hier ersetzt durch eine Reihe von kleineren Traumen, die durch Gleichartigkeit oder indem sie Stücke einer Leidensgeschichte bilden, zusammengehalten werden. Solche Kranke haben dann auch häufig verschiedene Arten von Anfällen, jede Art mit besonderem Erinnerungsinhalt. — Man wird durch diese Tatsache dazu veranlasst, dem Begriff der traumatischen Hysterie eine grössere Ausdehnung zu geben.

In einer dritten Gruppe von Fällen findet man als Inhalt der Anfälle Erinnerungen, denen man an und für sich einen traumatischen Wert nicht zugestehen würde, die denselben aber offenbar dem Umstande verdanken, dass sie sich durch Zusammentreffen mit einem Moment krankhaft gesteigerter Disposition assoziiert haben und so zu Traumen erhoben worden sind.

3.) **Die Erinnerung, welche den Inhalt des hysterischen Anfalles bildet, ist eine unbewusste, korrekter gesprochen: sie gehört dem zweiten, bei jeder Hysterie mehr oder minder hoch organisierten Bewusstseinszustande an.** Demgemäss fehlt sie auch dem Gedächtnis des Kranken in seinem Normalzustande gänzlich oder ist nur summarisch in demselben vorhanden. Wenn es gelingt, diese Erinnerung gänzlich ins normale Bewusstsein zu ziehen, hört deren Wirksamkeit zur Erzeugung von Anfällen auf. Während des Anfalles selbst befindet sich der Kranke völlig oder teilweise im zweiten Bewusstseinszustand. Im ersten Falle ist er in seinem normalen Leben für den ganzen Anfall amnestisch; im zweiten nimmt er seine Zustandsveränderung und motorischen Äusserungen wahr, während der psychische Vorgang während des Anfalles ihm verborgen bleibt. Derselbe kann aber jederzeit durch die Hypnose geweckt werden.

4.) Die Frage nach der Herkunft des Erinnerungsinhaltes hysterischer Anfälle fällt zusammen mit der Frage, welche Bedingungen dafür massgebend seien, dass ein Erlebnis (Vorstellung, Vorsatz etc.) anstatt ins normale ins zweite Bewusstsein aufgenommen wird. Wir haben von diesen Bedingungen bei Hysterischen zwei mit Sicherheit erkannt.

Wenn der Hysterische ein Erlebnis mit Absicht vergessen will, einen Vorsatz, eine Vorstellung gewaltsam von sich weist, hemmt und unterdrückt, so geraten dadurch diese psychischen Akte in den zweiten Bewusstseinszustand, äussern von dort aus ihre permanenten Wirkungen, und die Erinnerung an sie kommt als hysterischer Anfall wieder. (Hysterie der Nonnen, der enthaltsamen Frauen, der wohlerzogenen Knaben, der Personen, welche Hang zur Kunst, zum Theater in sich verspüren etc.)

In den zweiten Bewusstseinszustand geraten auch jene Eindrücke, welche während eines ungewöhnlichen psychischen Zustandes (Affekt, Ekstase, Autohypnose) empfangen worden sind.

Wir fügen hinzu, dass diese beiden Bedingungen sich häufig durch inneren Zusammenhang kombinieren und dass ausser ihnen noch andere anzunehmen sind.

5.) Wenn man von dem übrigens weiter tragenden Satze ausgeht, **dass das Nervensystem bestrebt ist, etwas in seinen Funktionsverhältnissen, was man die „Erregungssumme" nennen mag, konstant zu erhalten, und dass es diese Bedingung der Gesundheit durchsetzt, indem es jeden sensibeln Erregungszuwachs assoziativ erledigt oder durch entsprechende motorische**

Reaktion abführt, gelangt man zu einer gemeinsamen Eigentümlichkeit derjenigen psychischen Erlebnisse, die man als Inhalt hysterischer Anfälle vorfindet. Es sind durchwegs **Eindrücke, denen die adäquate Abfuhr versagt ist**, sei es weil die Kranken aus Furcht vor peinlichen Seelenkämpfen die Erledigung von sich weisen, sei es weil (wie bei sexuellen Eindrücken) Schamhaftigkeit und soziale Verhältnisse sie verbieten, oder endlich weil diese Eindrücke in Zuständen empfangen worden sind, in denen das Nervensystem der Aufgabe der Erledigung unfähig war.

Man gewinnt auf diesem Wege auch eine für die Lehre von der Hysterie brauchbare Definition des psychischen Traumas. **Zum psychischen Trauma wird jeder Eindruck, dessen Erledigung durch assoziative Denkarbeit oder motorische Reaktion dem Nervensystem Schwierigkeiten bereitet.**

NOTIZ „III"

Das Manuskript ist ein undatierter Entwurf, es stammt offenbar aus dem Jahre 1892 und ist „III" überschrieben.

Wir haben im Vorstehenden als eine Tatsache der Beobachtung anführen müssen, dass die Erinnerungen, welche hinter hysterischen Phänomenen stecken, dem Gedächtnis der Kranken, über das sie verfügen, fehlen, während sie sich in der Hypnose mit halluzinatorischer Lebhaftigkeit wachrufen lassen. Wir haben ferner angeführt, dass eine Reihe von solchen Erinnerungen sich auf Vorfälle in eigentümlichen Zuständen wie Schreckkataplexie, Halbträume, Autohypnose u.dgl. bezieht, deren Inhalt nicht in Assoziativverkehr mit dem normalen Bewusstsein steht. Es war uns also bereits soweit unmöglich, die Bedingung für das Zustandekommen hysterischer Phänomene zu erörtern, ohne auf diejenige Annahme einzugehen, welche eine Charakteristik der hysterischen Disposition versucht, nämlich, dass es bei der Hysterie leicht zur zeitweiligen Dissoziation des Bewusstseinsinhaltes und zur Absprengung einzelner nicht im assoziativen Verkehr stehenden Vorstellungskomplexe kommt. Wir suchen also die hysterische Disposition darin, dass solche Zustände entweder spontan (auf innere Ursachen hin) auftreten oder dass sie leicht durch äussere Einflüsse provoziert werden, wobei wir eine Reihe von wechselnder Beteiligung der beiden Faktoren gelten lassen.

Wir heissen diese Zustände h y p n o i d e und heben als wesentlich für sie hervor, dass ihr Inhalt mehr minder vom übrigen Bewusstseinsinhalt abgesperrt, also der assoziativen Erledigung beraubt ist, wie wir im Traum und Wachen, V o r b i l d v e r s c h i e d e n e r Z u s t ä n d e, n i c h t z u a s s o z i i e r e n s o n d e r n n u r u n t e r e i n a n d e r··· g e n e i g t s i n d. Bei disponierten Personen könnte jeder Affekt zu einer solchen Abspaltung Anlass geben, und der im Affekt empfangene Eindruck würde so zum Trauma, auch wenn er dazu an sich nicht geeignet ist. Der Eindruck könnte auch selbst diesen Affekt machen. In ihrer voll entwickelten Form bildeten diese hypnoiden Zustände, die miteinander assoziierbar sind, die condition seconde etc. der bekannten Fälle. Rudimente dieser Anlage wären überall anzuerkennen und sind durch geeignete Traumen auch bei nicht disponierten Personen zu entwickeln. Insbesondere eignet sich das Sexualleben dazu, I n h a l t (solcher Traumen[2]) z u b i l d e n, mit dem mächtigen Gegensatz, den es zur sonstigen Person bildet und der Unreagierbarkeit seiner Vorstellungen.

Man versteht, dass unsere Therapie darin besteht, die Wirkungen der nicht abreagierten Vorstellungen dadurch aufzuheben, dass wir entweder im Somnambulismus das Trauma wiederaufleben lassen, abreagieren und korrigieren oder in leichterer Hypnose es ins normale Bewusstsein ziehen.

---

1) Hier fehlt offenbar ein Wort.
2) Ergänzung der Herausgeber.

EINE ERFÜLLTE TRAUMAHNUNG

Das Manuskript trägt das Datum 10. November 1899.

Frau B., eine ausgezeichnete, auch kritische Person erzählt in anderem Zusammenhange, keineswegs tendenziös, dass sie einmal vor Jahren geträumt, sie treffe ihren früheren Hausarzt und Freund, Dr. K., in der Kärntnerstrasse vor dem Laden von Hies. Am nächsten Vormittag geht sie durch diese Strasse und trifft die bezeichnete Person wirklich an der geträumten Stelle. Soweit das Argument. Ich bemerke noch, dass dieses wunderbare Zusammentreffen seine Bedeutung durch kein nachfolgendes Ereignis erwies, also aus dem Zukünftigen nicht zu rechtfertigen ist.

Zur Analyse dient das Examen, welches feststellt, dass der Beweis nicht zu führen ist, sie hätte diesen Traum am Morgen nach der Traumnacht überhaupt vor dem Spaziergang erinnert. Ein solcher Beweis wäre die Niederschrift oder Mitteilung des Traumes vor seiner Erfüllung gewesen. Die Dame muss sich vielmehr ohne Einwendung folgende Darstellung des Sachverhaltes gefallen lassen, die mir die wahrscheinlichere ist: Sie ist eines Vormittags in der Kärntnerstrasse spazieren gegangen und hat vor dem Laden von Hies ihren alten Hausarzt begegnet. Als sie ihn sah, bekam sie die Überzeugung, sie habe die letzte Nacht von eben diesem Zusammentreffen an der nämlichen Stelle geträumt. Nach den für die Deutung neurotischer Symptome geltenden Regeln muss diese Überzeugung eine berechtigte sein. Der Inhalt derselben darf eine Umdeutung erleiden.

Die Vergangenheit der Frau B. enthält folgende Geschichte, zu der Dr. K. in Beziehung steht. Sie wurde jung, ohne volle Einwilligung, an einen älteren aber vermögenden Mann verheiratet, der einige Jahre nachher sein Vermögen verlor, an Tuberkulose erkrankte und

starb. Die junge Frau erhielt sich und den Kranken mehrere Jahre
lang durch Musikunterricht. Sie fand Freunde im Unglück, einer
derselben war der Hausarzt Dr. K., der dem Mann seine Pflege
widmete und ihr den Weg zu den ersten Lektionen ebnete. Ein anderer
war ein Advokat, auch ein Dr. K., der die desolaten Verhältnisse des
ruinierten Kaufmannes in Ordnung brachte, dabei aber um die Liebe der
jungen Frau sich bewarb und auch — zum ersten und einzigen Mal —
die Leidenschaft in ihr entflammte. Aus dieser Liebesbeziehung wurde
kein rechtes Glück, die Bedenken ihrer Erziehung und Denkungsart
verdarben der Frau und später der Witwe die Hingebung. In demselben Zusammenhange, der obigen Traum einschliesst, erzählt Frau
B. von einer wirklichen Begebenheit jener unglücklichen Zeit, in
der sie nach ihrer Schätzung ein merkwürdiges Zusammentreffen
sieht. Sie befand sich in ihrem Zimmer, auf dem Boden knieend, den
Kopf auf einen Sessel gelegt und schluchzte in leidenschaftlicher
Sehnsucht nach ihrem Freund und Helfer, dem Advokaten, als dieser
im nämlichen Moment die Türe öffnete, um sie zu besuchen. Wir
werden nichts Merkwürdiges in diesem Zusammentreffen finden,
wenn wir überlegen, wie oft sie seiner so gedacht und wie oft er sie
besucht haben mag. Auch finden sich solche wie verabredete Zufälligkeiten in allen Liebesgeschichten. Doch ist dieses Zusammentreffen
wahrscheinlich der eigentliche Inhalt ihres Traumes und die einzige
Begründung ihrer Überzeugung, dass jener Traum eingetroffen sei.

Zwischen jener Szene vom Eintreffen des Wunsches und jenem
Traum liegen mehr als 25 Jahre. Frau B. ist unterdes Witwe eines
zweiten Mannes geworden, der ihr ein Kind und Vermögen hinterliess. Die Neigung der alten Dame hängt immer noch an dem Manne
Dr. K., der jetzt ihr Ratgeber und der Verwalter ihres Vermögens
ist und den sie häufig zu sehen gewöhnt ist. Nehmen wir an, sie habe
in den Tagen vor dem Traum seinen Besuch erwartet, er sei aber —
es ist ihm nicht mehr so dringlich wie einst — ausgeblieben. Dann
kann sie leicht in der Nacht einen Sehnsuchtstraum gehabt haben,
der sie in frühere Zeiten zurückversetzt. Sie träumt dann wahrscheinlich von einem Rendezvous aus der Zeit der Leidenschaft und die

Kette der Traumgedanken läuft zurück bis zu jenem Mal, wo er ohne Verabredung gerade in dem Moment gekommen, da sie sich nach ihm gesehnt. Solche Träume dürften sich jetzt oft bei ihr ereignen; sie sind ein Teil der späten Bestrafung, die dem Weib für seine Grausamkeit in jungen Jahren zu Teil wird. Aber als Abkömmlinge einer unterdrückten Strömung und mit Reminiszenzen an die Rendezvous erfüllt, an die sie seit ihrer zweiten Verheiratung nicht gerne mehr denkt, werden solche Träume nach dem Erwachen wieder beseitigt. So wird es auch unserem angeblich prophetischen Traum ergangen sein. Sie geht dann aus und begegnet an einer an sich gleichgiltigen Stelle der Kärntnerstrasse ihren alten Hausarzt Dr. K. Sie hat ihn sehr lange nicht gesehen, er ist mit den Erregungen jener glücklich-unglücklichen Periode innig verknüpft, er war auch ein Helfer, wir dürfen annehmen, er ist in ihren Gedanken und vielleicht auch in Träumen eine Deckperson, hinter der sie die geliebtere des anderen Dr. K. verbirgt. Diese Begegnung will nun die Erinnerung an den Traum wecken. Es sollte in ihr heissen: Richtig, ich habe ja heute von meinem Rendezvous mit Dr. K. geträumt. Aber diese Erinnerung muss sich dieselbe Entstellung gefallen lassen, der der Traum nur dadurch entgangen ist, dass er gar nicht in der Erinnerung bewahrt wurde. Für den geliebten K. schiebt sich der indifferente K. ein, der an den Traum erinnert; der Inhalt des Traumes — das Rendezvous — überträgt sich auf den Glauben, dass sie von dieser bestimmten Stelle geträumt hat, denn ein Rendezvous besteht darin, dass zwei Personen zur gleichen Zeit an die nämliche Stelle kommen. Wenn dabei dann der Eindruck zu Stande kommt, dass ein Traum in Erfüllung gegangen ist, so bringt sie mit ihm nur die Erinnerung zur Geltung, dass in jener Szene, wo sie sich weinend nach seiner Gegenwart sehnte, ihre Sehnsucht wirklich sofort in Erfüllung gegangen ist.

So ist die nachträgliche Traumschöpfung, die allein die prophetischen Träume ermöglicht, auch nichts anderes als eine Form der Zensurierung, die dem Traum das Durchdringen zum Bewusstsein ermöglicht.

10. Nov. 99.

PSYCHOANALYSE
UND TELEPATHIE

Das Manuskript ist unbetitelt, trägt das Datum 2. August 1921 und ist für die Zusammenkunft des Zentralvorstandes der Internationalen Psychoanalytischen Vereinigung im Harz Anfang September 1921 geschrieben. Ein grosser Teil des Materials dieser Arbeit ist in der „Neuen Folge der Vorlesungen zur Einführung in die Psychoanalyse" (XXX. Vorlesung, Traum und Okkultismus) verwertet worden.

Der „dritte Fall", der in der Einleitung dieser Arbeit erwähnt wird, ist vom übrigen Manuskript als Nachtrag abgesondert. Er wurde in die „Vorlesungen" aufgenommen und ist deshalb hier nicht abgedruckt.

VORBERICHT

Es scheint nicht in unserem Schicksal zu liegen, ruhig am Ausbau unserer Wissenschaft zu arbeiten. Kaum dass wir zwei Angriffe siegreich abgewiesen haben — der eine wollte neuerdings verleugnen, was wir ans Licht gebracht haben und wies uns anstatt allen Inhalts nur das Motiv der Leugnung, der andere wollte uns beschwatzen, dass wir die Natur dieses Inhalts verkennen und ihn leicht gegen einen anderen vertauschen sollten, — kaum also, dass wir uns vor diesen Feinden sicher fühlen, erhebt sich eine neue Gefahr vor uns, diesmal etwas Grossartiges, Elementares, was nicht allein uns bedroht, sondern vielleicht mehr noch unsere Gegner.

Es scheint nicht mehr möglich, das Studium der sogenannten okkulten Tatsachen abzuweisen, jener Dinge, die angeblich die reale Existenz anderer psychischer Mächte als der uns bekannten Menschen- und Tierseele verbürgen, oder an dieser Seele bisher ungeglaubte Fähigkeiten enthüllen. Der Zug nach dieser Forschung scheint unwiderstehlich stark; in diesen kurzen Ferien habe ich dreimal Anlass gehabt, die Mitarbeiterschaft an neugegründeten Zeitschriften im Dienste dieser Studien abzusagen. Wir glauben auch zu verstehen, woher diese Strömung ihre Kraft bezieht. Sie ist mit ein Ausdruck der Entwertung, die seit der Weltkatastrophe des grossen Krieges alles Bestehende getroffen hat, ein Stück des Tastens gegen jene grosse Umwälzung, der wir entgegengehen, deren Umfang wir noch nicht erraten können, gewiss auch ein Versuch zur Kompensation, um auf anderem — überirdischem — Gebiet einzubringen, was das Leben auf dieser Erde an Reiz eingebüsst hat. Ja manche Vorgänge in der exakten Wissenschaft selbst mögen diese Entwicklung begünstigt haben. Die Entdeckung des Radiums hat die Erklärungsmöglichkeiten der physischen Welt um ebensoviel verwirrt als erweitert, und die jüngst gewonnene Einsicht der sogenannten Relativitätstheorie hat bei vielen ihrer verständnislosen Bewunderer die Wirkung gehabt, deren Zutrauen zur objektiven Glaubwürdigkeit der Wissenschaft zu verringern. Sie erinnern sich, dass Einstein selbst unlängst Anlass nahm, gegen ein solches Missverständnis zu protestieren.

Es ist nicht selbstverständlich, dass das Erstarken des Interesses für den Okkultismus eine Gefahr für die Psychoanalyse bedeutet. Im Gegenteile, man sollte auf gegenseitige Sympathien zwischen den beiden gefasst sein. Sie haben die nämliche schnöde, hochmütige Behandlung von Seiten der offiziellen Wissenschaft erfahren. Die Psychoanalyse wird noch heute als der Mystik verdächtig angesehen und ihr Unbewusstes zu jenen Dingen zwischen Himmel und Erde gerechnet, von denen sich die Schulweisheit nichts träumen lassen will. Die zahlreichen Aufforderungen zur Mitarbeit, die von Seiten der Okkultisten an uns gerichtet werden, zeigen, dass sie uns als halb zugehörig behandeln wollen, auf unsere Unterstützung gegen den Druck exakter Autorität zählen. Anderseits hat die Psychoanalyse kein Interesse daran, diese Autorität aufopfernd zu verteidigen, sie ist selbst in der Opposition gegen alles konventionell Eingeschränkte, Festgelegte, allgemein Anerkannte; es wäre nicht das erste Mal, dass sie den dunkeln aber unzerstörbaren Ahnungen des Volkes gegen den Wissensdünkel der Gebildeten ihre Hilfe liehe. Eine Allianz und Arbeitsgemeinschaft zwischen Analytikern und Okkultisten erschiene ebenso naheliegend wie aussichtsvoll.

Doch bei näherer Betrachtung ergeben sich Schwierigkeiten. Die übergrosse Mehrzahl der Okkultisten wird nicht durch Wissbegierde angetrieben, nicht durch das Schamgefühl, dass die Wissenschaft so lange versäumt hat, von unleugbaren Problemen Kenntnis zu nehmen und durch das Bedürfnis, ihr neue Erscheinungsgebiete zu unterwerfen. Sie sind vielmehr Überzeugte, die nach Bestätigungen suchen, die eine Rechtfertigung haben wollen, um sich offen zu ihrem Glauben zu bekennen. Der Glaube aber, den sie zuerst selbst beweisen und dann anderen aufdrängen wollen, ist der alte religiöse Glaube, der von der Wissenschaft im Laufe der Menschheitsentwicklung zurückgedrängt wurde, oder ein anderer, welcher den überwundenen Überzeugungen der Primitiven noch näher steht. Die Analytiker hingegen können ihre Abkunft von der exakten Wissenschaftlichkeit und ihre Zugehörigkeit zu deren Vertretern nicht verleugnen. Aufs Äusserste misstrauisch gegen die Macht menschlicher Wunschregungen, gegen die Versuchungen des Lustprinzips sind sie bereit alles zu opfern, um zu einem Stückchen objektiver Sicherheit zu gelangen: den blendenden Glanz einer lückenlosen Theorie, das erhebende Bewusstsein des Besitzes einer gerundeten Weltanschauung, die seelische Beruhigung durch eine breite Motivierung für zweckmässiges und ethisches Handeln. Sie begnügen sich anstatt dessen mit fragmentarischen Brocken von Erkenntnis und mit unscharfen jeder Umformung gewärtigen Grundannahmen. Anstatt auf den Moment zu lauern, der ihnen gestattete, sich dem Zwang der bekannten physikalischen und chemischen Gesetze zu entziehen, erhoffen sie das Erscheinen erweiterter und tiefer reichender Naturgesetze, denen sie sich zu unterwerfen bereit sind. Die Analytiker sind im Grunde unverbesserliche Mechanisten und Materialisten, auch wenn sie sich hüten wollen, das Seelische und Geistige seiner noch unerkannten Eigentümlichkeiten zu berauben. In die Untersuchung des okkulten Stoffes treten sie auch nur darum ein, weil sie erwarten, dadurch die Wunschgebilde der Menschheit endgiltig von der materiellen Realität auszuschliessen.

Bei so verschiedener Geistesverfassung bietet die Arbeitsgemeinschaft zwischen Analytikern und Okkultisten wenig Aussicht auf Gewinn. Der Analytiker hat sein Arbeitsgebiet, das er nicht verlassen soll, das Unbewusste des seelischen Lebens. Wenn er während seiner Arbeit auf okkulte Phänomene lauern wollte, würde er in die Gefahr kommen, alles, was ihm näher liegt, zu übersehen. Er würde die Unbefangenheit, Unparteilichkeit, Erwartungslosigkeit einbüssen, die ein wesentliches Stück seiner analytischen Wappnung und Ausstattung bedeutet haben. Drängen sich ihm okkulte Phänomene in ähnlicher Weise wie andere auf, so wird er ihnen sowenig wie den anderen aus dem Weg gehen. Dies scheint der einzige Vorsatz, der mit der Tätigkeit des Analytikers verträglich ist.

Gegen die eine, die subjektive Gefahr, sein Interesse an die okkulten Phänomene zu verlieren, kann sich der Analytiker durch Selbstzucht schützen. Anders mit der objektiven Gefahr. Es ist kaum zweifelhaft, dass die Beschäftigung mit den okkulten Phänomenen sehr bald das Ergebnis haben wird, einer Anzahl von ihnen die Tatsächlichkeit zu bestätigen; es ist zu vermuten, dass es sehr lange dauern wird, bis man zu einer annehmbaren Theorie dieser neuen Tatsachen gelangt. Aber die gierig aufhorchenden Menschen werden nicht so lange warten. Von der ersten Zustimmung an werden die Okkultisten ihre Sache für siegreich erklären, sie werden den Glauben von der einen Behauptung auf alle anderen ausdehnen, von den Phänomenen auf die Erklärungen erstrecken, die ihnen die liebsten und die nächsten sind. Die Methoden wissenschaftlicher Untersuchung sollen ihnen ja nur als Leiter dienen, um sich über die Wissenschaft zu erheben. Wehe, wenn sie so hoch gestiegen sind! Und keine Skepsis der Umstehenden und Zuhörenden wird sie bedenklich machen, kein Einspruch der Menge sie aufhalten. Sie werden als Befreier vom lästigen Denkzwang begrüsst werden, alles, was seit den Kindertagen der Menschheit und den Kinderjahren der Einzelnen an Gläubigkeit bereit liegt, wird ihnen entgegenjauchzen. Ein fürchterlicher Zusammenbruch des kritischen Denkens, der deterministischen Forderung, der mechanistischen Wissenschaft mag dann bevorstehen; wird ihn die Technik durch ihr unerbittliches Festhalten an Grösse der Kraft, Masse und Qualität des Stoffes aufhalten können?

Es ist ein vergebliches Hoffen, dass gerade die analytische Arbeit, weil sie sich auf das geheimnisvolle Unbewusste bezieht, solchem Wertsturz entgehen wird. Wenn die den Menschen wohlvertrauten Geister die letzten Erklärungen geben, kann für die mühevollen Annäherungen der analytischen Forschung an unbekannte Seelenmächte kein Interesse bleiben. Auch die Wege der analytischen Technik werden verlassen werden, wenn die Hoffnung winkt, sich durch okkulte Massnahmen in unmittelbare Verbindung mit den wirkenden Geistern zu setzen, genau so wie die Gewohnheiten geduldiger Kleinarbeit aufgegeben werden, wenn die Hoffnung winkt, durch eine gelungene Spekulation mit einem Schlage reich zu werden. Wir haben in diesem Krieg von Personen gehört, die zwischen zwei feindlichen Nationen standen, zur einen durch Geburt, zur anderen durch Wahl und Wohnort zugehörig; ihr Schicksal war, dass sie zuerst von der einen, und dann, wenn sie glücklich entkommen waren, von der anderen als Feinde behandelt wurden. Solcher Art könnte auch das Schicksal der Psychoanalyse sein.

Indes, Schicksale muss man ertragen, wie immer sie sein mögen. Auch die Psychoanalyse wird sich irgendwie mit dem ihren abfinden. Kehren wir zur Gegenwart, zur nächsten Aufgabe zurück. Ich habe im Laufe der letzten Jahre einige Beobachtungen gemacht, die ich wenigstens dem Kreise der Nächsten nicht vorenthalten will. Die Abneigung, in eine die Zeit beherrschende Strömung einzulenken, die Sorge, das Interesse von der Psychoanalyse abzuziehen, und der absolute Mangel diskreter Verhüllung wirken als Motive zusammen, um meiner Mitteilung keine weitere Öffentlichkeit zu gestatten. Ich nehme für mein Material zwei selten vorgefundene Vorzüge in Anspruch. Es ist erstens frei von den Bedenken und Anzweiflungen, denen die meisten der Beobachtungen der Okkultisten unterliegen, und es entwickelt zweitens seine Beweiskraft erst, nachdem man es der analytischen Bearbeitung unterzogen hat. Es besteht allerdings nur aus zwei Fällen von gemeinsamem Charakter; ein dritter Fall ist anderer Art, nur anhangsweise angefügt, und anderer Beurteilung zugänglich. Die beiden Fälle, die ich nun breit auseinandersetzen werde, betreffen Vorkommnisse der gleichen Art, Prophezeiungen berufsmässiger Wahrsager, die n i c h t eingetroffen sind. Sie haben trotzdem den Personen, denen sie zu Teile wurden, ausserordentlich imponiert, so dass die Beziehung zur Zukunft nicht das Wesentliche an ihnen sein kann. Jeder Beitrag zu ihrer Erklärung sowie jedes Bedenken an ihrer Beweiskraft wird mir hochwillkommen sein. Meine persönliche Einstellung zu diesem Stoff bleibt eine unwillige, ambivalente.

I.

Einige Jahre vor dem Krieg kam ein junger Mann aus Deutschland zu mir in Analyse mit der Klage, er sei arbeitsunfähig, habe alles aus seinem Leben vergessen, alles Interesse verloren. Er war Kandidat der Philosophie, studierte in München, stand vor seinem Examen, übrigens ein hochgebildeter Schlauer, infantil Spitzbübischer, Sohn eines Finanzmannes, der, wie sich später zeigte, eine kolossale Analerotik glücklich verarbeitet hatte. Auf die Frage, ob ihm denn nichts aus seinem Leben oder Interessenkreis gegenwärtig geblieben sei, bekannte er sich zum Plan eines von ihm entworfenen Romans, der zur Zeit Amenhoteps IV. in Ägypten spielte, in dem einem gewissen Ring eine grosse Bedeutung zufiel. An diesen Roman knüpften wir an, der Ring erwies sich als Symbol der Ehe, und von da an gelang es uns, alle seine Erinnerungen und Interessen aufzufrischen. Es ergab sich, dass sein Zusammenbruch die Folge einer grossen seelischen Überwindung war. Er hatte eine einzige, um einige Jahre jüngere Schwester, an der er mit voller, ganz unverhohlener Liebe hing. Warum können wir beide einander nicht heiraten? hatte es oft zwischen ihnen geheissen. Ihre Zärtlichkeit war aber zu keiner Zeit über das zwischen Geschwistern gestattete Mass hinausgegangen.

In diese Schwester hatte sich ein junger Ingenieur verliebt. Er fand Erwiderung bei ihr, aber keine Gnade vor den Augen der strengen Eltern. In seiner Not wandte sich das Paar an den Bruder um Hilfe. Dieser nahm sich der Sache der Liebenden an, vermittelte ihre Korrespondenz, ermöglichte ihre Zusammenkünfte, wenn er zuhause auf Ferien war, und beeinflusste endlich die Eltern, dass sie die Verlobung und Heirat der Liebenden genehmigten. Während der Verlobungszeit ereignete sich einmal etwas arg Verdächtiges. Der Bruder unternahm mit dem künftigen Schwager eine Tour auf die Zugspitze, bei welcher er den Führer machte, aber die beiden verirrten sich auf dem Berge, waren in Gefahr abzustürzen und retteten sich nur mit Mühe. Der Patient widersprach nicht viel, als ich dies Abenteuer auf einen Mord- und Selbstmordversuch deutete. Wenige Monate nach der Heirat der Schwester trat der junge Mann in die Analyse ein.

Er verliess sie voll arbeitsfähig nach 1/2 bis 3/4 Jahren, um seine Examina zu machen, seine Dissertation zu schreiben, und kam ein volles Jahr später als Dr. phil. wieder, um die Analyse fortzusetzen, weil, wie er sagte, für ihn als Philosophen die Psychoanalyse ein über den therapeutischen Erfolg hinausgehendes Interesse hätte. Ich weiss, dass er im Oktober eintrat. Einige Wochen später erzählte er in irgend welchem Zusammenhang folgendes Erlebnis.

In München lebt eine Wahrsagerin, die sich eines grossen Rufes erfreut. Die bayerischen Prinzen pflegen zu ihr zu kommen, wenn sie irgendeine Unternehmung vorhaben. Sie verlangt nichts anderes, als dass man ihr ein Datum angebe. (Ich unterliess es zu fragen, ob auch die Jahreszahl dabei sein müsse.) Es wird vorausgesetzt, dass sich das Datum als Geburtstag auf eine bestimmte Person bezieht, sie fragt aber nicht auf welche. Im Besitz dieses Datums schlägt sie in astrologischen Büchern nach, macht lange Berechnungen und gibt endlich eine auf diese Person bezügliche Prophezeiung von sich. Er liess sich im letzten März bestimmen, die Wahrsagerin zu besuchen und legte ihr das Geburtsdatum seines Schwagers vor, natürlich ohne dessen Namen zu nennen oder zu verraten, dass er ihn im Sinn habe. Das Orakel äusserte: diese Person wird im nächsten Juli oder August an einer Krebs- oder Austernvergiftung sterben. Nachdem er dies erzählt hatte, fügte er hinzu: Und das war grossartig!

Ich verstand nicht und widersprach heftig: Was finden Sie da grossartig? Sie sind jetzt schon seit Wochen bei mir; wenn Ihr Schwager wirklich gestorben wäre, hätten Sie es längst erzählt; er lebt also. Die Prophezeiung ist im März erfolgt, sollte im Hochsommer eintreffen, wir sind jetzt im November. Sie ist also nicht eingetroffen, was finden Sie daran zu bewundern?

Er darauf: Eingetroffen ist sie allerdings nicht. Aber das Merkwürdige daran ist: Mein Schwager ist ein grosser Liebhaber von Krebsen, Austern u.dgl. und hatte wirklich im v o r i g e n August eine Krebsvergiftung, an der er schier gestorben wäre. Mehr wurde darüber nicht gesprochen.

Wollen Sie nun diesen Fall mit mir diskutieren.

Ich glaube an die Wahrhaftigkeit des Erzählers. Er ist durchaus ernst zu nehmen, gegenwärtig als Lehrer der Philosophie in K. tätig. Ich weiss von keinem Motiv, das ihn hätte veranlassen können, mich zu mystifizieren. Die Erzählung war episodisch und nicht tendenziös, es knüpfte sich nichts weiter an sie, es wurden keine Schlüsse aus ihr gezogen. Er verfolgte nicht die Absicht, mich von der Existenz okkulter seelischer Phänomene zu überzeugen, ja ich hatte den Eindruck, als machte er sich die Bedeutung seines Erlebnisses überhaupt nicht klar. Ich selbst war so frappiert, eigentlich peinlich berührt, dass ich auf die analytische Verwertung seiner Mitteilung verzichtete.

Ebenso tadellos erscheint mir die Beobachtung nach anderer Richtung. Es steht fest, dass die Wahrsagerin den Fragesteller nicht kannte. Fragen Sie sich aber selbst, welcher Grad von Intimität dazu erforderlich ist, dass man ein Datum als den Geburtstag des Schwagers seines Bekannten erkenne. Anderseits werden Sie wohl alle mit mir aufs hartnäckigste bezweifeln, dass man durch irgendwelche Formeln, mit Hilfe irgendwelcher Tafeln aus dem Geburtsdatum ein so detailliertes Schicksal wie das Erkranken an einer Krebsvergiftung erschliessen könne. Lassen Sie uns nicht vergessen, wie viele Menschen am nämlichen Tag geboren werden; halten Sie es für möglich, dass die Gemeinsamkeit der Schicksale, die sich auf dasselbe Geburtsdatum gründen mag, so weit ins Detail reicht? Ich getraue mich also, die astrologische Rechnerei von der Diskussion ganz auszuschliessen, ich glaube, die Wahrsagerin hätte irgend etwas anderes tun können, ohne das Resultat der Befragung zu beeinflussen. Eine Quelle der Täuschung scheint mir also auch von Seiten der Wahrsagerin — sagen wir gleich: des Mediums — völlig ausser Betracht zu kommen.

Geben Sie die Tatsächlichkeit und Wahrhaftigkeit dieser Beobachtung zu, so stehen wir vor ihrer Erklärung. Und da ergibt sich sofort, was für die meisten dieser Phänomene zutrifft, dass ihre Erklärung aus okkulten Annahmen in seltener Weise zureichend ist, das zu Erklärende restlos deckt, wenn es nur nicht an sich selbst so unbefriedigend wäre. Das Wissen um die stattgehabte Krebsvergiftung des am angegebenen Tag Geborenen konnte bei der Wahrsagerin nicht vorhanden gewesen sein, sie konnte es auch nicht aus ihren Tafeln und Rechnungen gewonnen haben. Beim Befragenden war es aber vorhanden. Der Vorfall erklärt sich ohne Rückstand, wenn wir annehmen wollen, dass sich dies Wissen von ihm auf sie, die angebliche Prophetin — auf unbekanntem Wege, unter Ausschluss der uns bekannten Mitteilungsweisen — übertragen hat. Das heisst, wir müssten den Schluss ziehen: Es gibt Gedankenübertragung. Der astrologischen Arbeit der Wahrsagerin fiele dabei die Rolle einer Tätigkeit zu, welche ihre eigenen psychischen Kräfte ablenkt, in harmloser Weise beschäftigt, so dass sie aufnahmsfähig und durchlässig für die auf sie wirkenden Gedanken des Anderen, ein richtiges „Medium", werden kann. Ähnliche Veranstaltungen haben wir z.B. beim Witz kennen gelernt, wenn es sich darum handelte, einem seelischen Vorgang einen mehr automatischen Ablauf zu sichern.

Die Heranziehung der Analyse leistet aber mehr für diesen Fall und hebt seine Bedeutung. Sie lehrt uns, dass nicht ein beliebiges Stück gleichgiltigen Wissens sich auf dem Wege der Induktion einer zweiten Person mitgeteilt hat, sondern dass ein ausserordentlich starker Wunsch einer Person, der zu deren Bewusstsein in besonderer Beziehung stand, sich mit Hilfe einer zweiten Person bewussten Ausdruck in leichter Verhüllung schaffen konnte, ganz ähnlich wie das unsichtbare Ende des Spektrums sich auf der lichtempfindlichen Platte als farbige Fortsetzung sinnfällig kundgibt. Man glaubt den Gedankengang des jungen Mannes nach der Erkrankung und Herstellung des als Nebenbuhler gehassten Schwagers rekonstruieren zu können. Nun, diesmal ist er zwar durchgekommen, aber darum gibt er doch seine gefährliche Liebhaberei nicht auf, und ein nächstes Mal geht er h o f f e n t l i c h daran zu Grunde. Dies hoffentlich ist es, was sich in die Prophezeiung umsetzt. Als Gegenstück hiezu könnte ich Ihnen den Traum einer anderen Person mitteilen, in dem eine Prophezeiung als Material vorkommt, und die Traumanalyse weist nach, dass der Inhalt der Prophezeiung sich mit einer Wunscherfüllung deckt.

Ich kann meine Aussage nicht vereinfachen, indem ich den Todeswunsch meines Patienten gegen seinen Schwager als einen unbewusst verdrängten bezeichne. Er war ja in der Kur des Vorjahrs bewusst gemacht worden, und die von seiner Verdrängung ausgehenden Folgen waren gewichen. Aber er bestand noch fort, nicht mehr pathogen, doch intensiv genug. Man könnte ihn als einen „unterdrückten" beschreiben.

II.

In der Stadt F. wächst ein Kind heran als das älteste von 5 Geschwistern, sämtlich Mädchen. Das jüngste ist 10 Jahre jünger als sie, sie lässt es einmal als Baby aus den Armen fallen, später heisst sie es „ihr Kind". Das ihr nächste Schwesterchen ist um den kürzesten Termin von ihr entfernt, sie sind beide in demselben Jahr geboren. Die Mutter ist älter als der Vater, nicht liebenswürdig, der Vater, nicht nur an Jahren jünger, gibt sich viel mit seinen kleinen Mädchen ab, imponiert ihnen durch seine Kunstfertigkeiten. Er ist leider sonst nicht imposant, unzulänglich als Geschäftsmann kann er die Familie nicht ohne Hilfe von Verwandten erhalten. Die Älteste wird frühzeitig die Vertraute aller Sorgen, die sich aus seiner Erwerbsschwäche ergeben.

Nach Überwindung ihres starren, leidenschaftlichen Kindescharakters wächst sie zu einem wahren Tugendspiegel heran. Ihrem hohen sittlichen Pathos ist eine eng begrenzte Intelligenz beigesellt. Sie ist Volksschullehrerin geworden, wird sehr geachtet. Die scheuen Huldigungen eines jungen Verwandten, der ihr Musiklehrer ist, gehen ihr wenig nahe. Kein anderer Mann hat noch ihr Interesse geweckt.

Eines Tages erscheint ein Verwandter der Mutter, reichlich älter als sie, aber, da sie selbst erst 19 Jahre zählt, noch ein jugendlicher Mann. Er ist Ausländer, lebt in Russland als Leiter eines grossen kommerziellen Unternehmens, ist sehr reich geworden. Es wird einmal nichts weniger als einen Weltkrieg und den Sturz der grössten Despotie erfordern, um auch ihn verarmen zu lassen. Er verliebt sich in die junge, strenge Kousine und will sie zur Frau haben. Die Eltern reden ihr keineswegs zu, aber sie versteht, was die Eltern wünschen. Hinter allen sittlichen Idealen winkt ihr die Erfüllung des Phantasiewunsches, dem Vater zu helfen, ihn aus seinen Nöten zu retten. Sie rechnet, er wird den Vater mit Geld unterstützen, solange er sein Geschäft führt, ihn pensionieren, wenn er es endlich aufgibt, er wird den Schwestern Mitgift und Ausstattung geben, so dass sie heiraten können. Und sie verliebt sich in ihn, heiratet bald darauf und folgt ihm nach Russland. Bis auf einige kleine, nicht recht verständliche Vorkommnisse, die erst in der Rückschau Bedeutung bekommen werden, geht auch alles in dieser Ehe vortrefflich. Sie wird eine zärtlich liebende, sinnlich befriedigte Frau, die Vorsehung ihrer Familie. Nur eines fehlt, sie bleibt kinderlos. Nun ist sie 27 Jahre alt, im 8ten Jahr verheiratet, lebt in Deutschland und hat sich nach Überwindung aller Bedenken an einen dortigen Gynäkologen gewendet. Dieser sichert ihr in der gewohnten Gedankenlosigkeit des Spezialisten Erfolg zu, wenn sie sich einer kleinen Operation unterzieht. Sie ist bereit, spricht davon am Abend vorher mit ihrem Mann. Es ist Dämmerungszeit, sie will Licht machen. Der Mann bittet sie, es nicht zu tun, er habe ihr etwas zu sagen, wobei ihm die Dunkelheit lieber sei. Sie solle die Operation absagen, die Schuld der Kinderlosigkeit liege an ihm. Während eines medizinischen Kongresses vor 2 Jahren habe er erfahren, dass gewisse Erkrankungen dem Mann die Fähigkeit zur Kinderzeugung rauben können, und die Untersuchung habe dann gezeigt, dass auch er in diesem Falle sei. Nach dieser Eröffnung unterbleibt die Operation. In ihr vollzieht sich momentan ein Zusammenbruch, den sie vergeblich zu verheimlichen sucht. Sie hat ihn nur als Vaterersatz lieben können, jetzt hat sie erfahren, dass er nie Vater werden kann. Drei Wege öffnen sich vor ihr, alle gleich ungangbar: Die Untreue, der Verzicht auf das Kind, die Trennung von dem Mann. Das letzte kann sie nicht aus den besten praktischen Motiven, das mittlere nicht aus den stärksten unbewussten, die Sie leicht erraten. Ihre ganze Kindheit war von dem dreimal getäuschten Wunsch, vom Vater ein Kind zu bekommen, beherrscht gewesen. Somit bleibt ihr jener Ausweg, der sie für uns so interessant machen wird. Sie verfällt in schwere Neurose. Eine Zeit lang erwehrt sie sich verschiedener Versuchungen mit Hilfe einer Angsthysterie, aber dann schlägt sie in schwere Zwangshandlungen um. Sie kommt in Anstalten und endlich nach zehnjährigem Bestand der Krankheit auch zu mir. Ihr auffälligstes Symptom war, dass sie im Bett ihre Wäsche mit Sicherheitsnadeln an die Bettdecken ansteckte. So verriet sie das Geheimnis der Ansteckung des Mannes, die sie kinderlos gemacht hatte. Diese Patientin erzählte mir einmal, sie war damals vielleicht 40 Jahre alt, ein Erlebnis aus der Zeit ihrer beginnenden Verstimmung noch vor dem Ausbruch der Zwangsneurose. Um sie abzulenken, nahm sie ihr Mann auf eine Geschäftsreise nach Paris mit. Das Paar sass mit einem Geschäftsfreund des Mannes in der Halle des Hotels, als sich eine gewisse Unruhe und Bewegung in dem Raum bemerkbar machte. Sie erkundigte sich bei einem Hotelbediensteten, was es denn gäbe, und erfuhr, dass M. le Professeur gekommen sei, um in seinem Kämmerchen nahe beim Eingang zu ordinieren. M. le Professeur sei ein grosser Wahrsager, er stelle keine Fragen, sondern lasse den Besucher seine Hand in eine Schüssel voll Sand abdrücken und verkünde die Zukunft aus dem Studium der Spur. Sie erklärte, sie wolle auch hineingehen, sich wahrsagen zu lassen, der Mann riet ab, das sei Unsinn. Aber als er mit dem Geschäftsfreund weggegangen war, zog sie den Ehering vom Finger und schlich sich in das Kabinet des Wahrsagers. Der studierte lange an dem Abdruck der Hand und sagte ihr dann: Sie werden in der nächsten Zeit grosse Kämpfe bestehen, aber es wird alles gut ausgehen, sie werden heiraten und mit 32 Jahren zwei Kinder haben. Diese Geschichte erzählte sie offenbar bewundernd und verständnislos. Meine Bemerkung, es sei doch zu bedauern, dass die Prophezeiung ihren Termin doch schon um 8 Jahre überschritten habe, machte ihr keinen Eindruck. Ich konnte mir etwa denken, sie bestaune die zuversichtliche Kühnheit dieser Vorhersage, den „Kück des Rebben".

Leider ist mein sonst zuverlässiges Gedächtnis nicht sicher, ob der erste Teil der Prophezeiung gelautet hat: es wird alles gut ausgehen, Sie werden heiraten, oder anstatt dessen: Sie werden glücklich werden. Meine Aufmerksamkeit hat sich auf den scharf eingeprägten Schlussatz mit seinen auffälligen Details zu sehr konzentriert. In der Tat entsprechen ja die ersten Sätze von den Kämpfen, die gut ausgehen werden, den unbestimmten Redensarten, die in allen, selbst den fertig käuflichen

Prophezeiungen vorkommen. Umso auffälliger heben sich davon die zwei Zahlenbestimmungen im Schlussatz ab. Es wäre aber gewiss nicht ohne Interesse gewesen zu wissen, ob der Professor wirklich von ihrer H e i r a t gesprochen. Sie hatte zwar den Ehering abgelegt und sah mit 27 Jahren sehr jugendlich aus, hätte leicht für ein Mädchen gehalten werden können, aber anderseits gehört auch nicht viel Raffinement dazu, um die Spur des Ringes am Finger zu entdecken. Beschränken wir uns auf das Problem des letzten Satzes, der zwei Kinder im Alter von 32 Jahren verspricht.

Diese Details scheinen ja ganz willkürlich und unerklärlich. Auch der Gläubigste wird es kaum unternehmen, sie aus der Deutung der Handlinien abzuleiten. Eine unzweifelhafte Rechtfertigung hätten sie gefunden, wenn das Schicksal sie bestätigt hätte, aber das tat es nicht, sie war nun 40 Jahre alt und hatte nicht ein Kind. Was war also die Herkunft und die Bedeutung dieser Zahlen? Die Patientin selbst hatte keine Ahnung davon. Es läge am nächsten die Frage überhaupt zu streichen und das Vorkommnis als wertlos zu den vielen anderen sinnlosen, angeblich okkulten Mitteilungen zu werfen.

Das wäre nun recht schön, die einfachste Lösung und erwünschteste Erleichterung, wenn nicht, zum Unglück muss ich sagen, gerade die Analyse im Stande wäre, eine Aufklärung dieser beiden Zahlen zu geben und zwar wiederum eine solche, die voll befriedigend, ja für die Situation geradezu selbstverständlich ist. Die beiden Zahlen stimmen nämlich ausgezeichnet zur Lebensgeschichte der Mutter unserer Patientin. Diese hatte erst nach 30 Jahren geheiratet und ihr 32stes Jahr war gerade jenes gewesen, indem sie abweichend vom sonstigen Frauenschicksal und gleichsam um jene Verzögerung einzuholen, zwei Kindern das Leben schenken konnte. Die Prophezeiung ist also leicht zu übersetzen: Gräm dich doch nicht über deine jetzige Kinderlosigkeit, das bedeutet ja noch nichts, du kannst immer noch das Schicksal deiner Mutter haben, die in deinen Jahren überhaupt nicht verheiratet war und doch mit 32 Jahren ihre zwei Kinder hatte. Die Prophezeiung verspricht ihr die Erfüllung jener Mutteridentifizierung, die das Geheimnis ihrer Kindheit war, durch den Mund des all dieser persönlichen Verhältnisse unkundigen, mit einem Abdruck im Sand beschäftigten Wahrsagers. Es steht uns dabei frei, als Voraussetzung dieser in jedem Sinne unbewussten Wunscherfüllung einzusetzen: Du wirst deinen unnützen Mann durch den Tod loswerden, oder du wirst die Kraft aufbringen, dich von ihm zu trennen. Der Natur der Zwangsneurose entspräche das erstere besser, auf die letztere Möglichkeit deuten die siegreich bestandenen Kämpfe, von denen die Prophezeiung spricht.

Sie erkennen, dass die Rolle der analytischen Deutung hier noch bedeutender ist als im vorigen Falle, man kann sagen, sie hat das okkulte Faktum erst geschaffen. Dem entsprechend müsste man auch diesem Beispiel eine geradezu zwingende Beweiskraft für die Möglichkeit der Übertragung eines intensiven unbewussten Wunsches und der von ihm abhängigen Gedanken und Kenntnisse zugestehen. Ich sehe nur einen Weg, dem Zwang dieses Falles zu entgehen und werde ihn sicherlich nicht verschwiegen halten. Es ist möglich, dass die Patientin in den 12 oder 13 Jahren zwischen der Prophezeiung und deren Erzählung in der Kur eine Erinnerungstäuschung ausgebildet hatte, dass der Professor nur etwas allgemein farblos Tröstliches geäussert, was kein Erstaunen erregen könnte, und dass sie allmählich aus ihrem Unbewussten die bedeutungsvollen Zahlen einsetzte. Dann wäre der Tatbestand verflüchtigt, der uns eine so schwerwiegende Folgerung aufdrängen will. Wir wollen uns gern mit dem Skeptiker identifizieren, der eine solche Mitteilung nur würdigen will, wenn sie unmittelbar nach dem Erlebnis erfolgt ist. Vielleicht selbst dann nicht ohne Skrupel. Ich erinnere, dass ich nach meiner Ernennung zum Professor eine Dankesaudienz beim Minister nahm. Auf dem Weggang von dieser Audienz ertappte ich mich dabei, dass ich die zwischen ihm und mir gewechselten Reden verfälschen wollte, und es gelang mir nie mehr die Unterhaltung, die wirklich vorgefallen war, richtig zu erinnern. Ich muss es aber Ihnen überlassen, ob Sie diese Aufklärung für zulässig halten. Ich kann sie ebensowenig widerlegen wie beweisen. Somit wäre diese zweite Beobachtung, obwohl an sich eindrucksvoller als die erste, nicht in gleichem Mass wie diese dem Zweifel entzogen.

Die beiden Fälle, die ich Ihnen vorgelegt habe, betreffen beide nicht eingetroffene Prophezeiungen. Ich glaube, dass solche Beobachtungen das beste Material für die Frage der Gedankenübertragung beibringen können und möchte Sie anregen, ähnliches zu sammeln. Auch von andersartigem Material hatte ich ein Beispiel für Sie vorbereitet, einen Fall, dass ein Patient von besonderer Qualität in einer Stunde Dinge besprach, die sich auf das Merkwürdigste mit einem unmittelbar vorherigen Erlebnis meinerseits berührten. Aber Sie sollen einen greifbaren Beweis dafür bekommen, dass ich mich nur unter grösstem Widerstand mit diesen Fragen des Okkultismus beschäftige. Als ich in Gastein die Notizen hervorsuchte, die ich für die Ausarbeitung dieses Referats herausgesucht und mitgenommen hatte, fand sich der Bogen, auf dem ich diese letzte Beobachtung notiert hatte, nicht vor, dagegen ein anderer, irrtümlich mitgenommener, der indifferente Aufzeichnungen ganz anderer Art enthält. Gegen so deutlichen Widerstand lässt sich nichts machen, ich muss Ihnen diesen Fall schuldig bleiben, kann ihn nicht aus dem Gedächtnis ergänzen. Dagegen will ich einige Bemerkungen über eine in Wien sehr bekannte Person, einen Schriftdeuter, Rafael Schermann, anfügen, dem die erstaunlichsten Leistungen nachgesagt werden. Er soll nicht nur im Stande sein, zu einer Schriftprobe den Charakter der Person zu ergänzen, sondern auch ihre Beschreibung dazu zu geben und Vorhersagen daran zu knüpfen, die später vom Schicksal bestätigt werden. Viele dieser merkwürdigen Kunststücke beruhen allerdings auf seinen eigenen Erzählungen. Ein Freund hat einmal ohne mein Vorwissen den Versuch gemacht, ihn über eine Schriftprobe von mir phantasieren zu lassen. Er brachte nur heraus, dass die Schrift von einem alten Herrn herrührt — leicht zu erraten —, mit dem sich schwer leben lässt, weil er ein unausstehlicher Haustyrann ist. Dies würden nun meine Hausgenossen kaum bestätigen. Aber bekanntlich gilt auf okkultem Gebiet der bequeme Grundsatz, dass negative Fälle nichts beweisen.

Ich habe an Schermann keine direkten Beobachtungen gemacht, bin aber doch durch Vermittlung eines Patienten in eine Verbindung mit ihm geraten, von der er nichts weiss. Davon will ich Ihnen noch erzählen. Vor einigen Jahren wandte sich ein junger Mann an mich, der mir einen besonders sympathischen Eindruck machte, so dass ich ihm vor vielen anderen den Vorzug gab. Es stellte sich heraus, dass er in ein Verhältnis mit einer der bekanntesten Lebedamen verstrickt war, von dem er loskommen wollte, weil es ihn um alle Selbstbestimmung brachte, aber nicht konnte. Es ist mir gelungen, ihn frei zu machen und dabei volle Einsicht in seinen Zwang zu bekommen, er hat vor wenigen Monaten eine normale, bürgerlich befriedigende Ehe geschlossen. Es ergab sich in der Analyse bald, dass der Zwang, gegen den er sich sträubte, ihn gar nicht an die Lebedame, sondern an eine Frau aus seinen eigenen Kreisen band, mit der ihn seit seinen frühesten Jugendjahren ein Verhältnis verbunden hatte. Die Lebedame war nur als Prügelknabe aufgenommen worden, um an ihr all die Rachsucht und Eifersucht zu befriedigen, die eigentlich der Geliebten galten. Er hatte sich nach uns bekannten Mustern der Ambivalenzhemmung durch die Verschiebung auf ein neues Objekt entzogen.

Diese Lebedame, die sich selbst fast uneigennützig in ihn verliebt hatte, pflegte er nun in der raffiniertesten Art zu quälen. Wenn sie aber ihr Leiden nicht mehr verbergen konnte, dann überging auf sie auch die Zärtlichkeit, die er für seine Jugendliebe hatte, er beschenkte und versöhnte sie, und dann ging der Cyclus seinen Weg weiter. Als er unter der Leitung der Kur endlich mit ihr brach, wurde es klar, was sein Benehmen bei diesem Surrogat der Geliebten erreichen wollte, die Genugtuung für einen eigenen Selbstmordversuch in Jugendjahren, als er bei der Geliebten keine Erhörung fand. Nach diesem Selbstmordversuch gelang es ihm endlich, die ältere Geliebte zu erobern. In dieser Zeit der Behandlung pflegte er den ihm bekannten Schermann aufzusuchen, der ihm aus den Schriftproben der galanten Dame wiederholt die Deutung herausholte, sie sei am Ende ihrer Kräfte, stehe vor dem Selbstmord und werde sich ganz gewiss umbringen. Sie tat es aber nicht, sondern schüttelte ihre menschliche Schwäche ab und erinnerte sich der Grundsätze ihres Berufes und ihrer Pflichten gegen den offiziellen Freund. Es war mir klar, dass der Wundermann meinem Patienten nur seinen intimen Wunsch geoffenbart hatte.

Nach der Überwindung dieser vorgeschobenen Person ging mein Patient ernsthaft daran, sich von seiner wirklichen Kette zu lösen. Aus Träumen erriet ich einen Plan, der sich bei ihm bildete, wie er das Verhältnis zur Jugendliebe lösen könne, ohne sie schwer zu kränken oder materiell zu schädigen. Sie hatte eine Tochter, die sehr zärtlich mit dem jungen Hausfreund tat, angeblich nichts von dessen geheimer Rolle wusste. Dieses Mädchen wollte er heiraten. Bald nachher wurde der Plan bewusst, und der Mann unternahm die ersten Schritte ihn zu verwirklichen. Ich unterstützte die Absicht, die einem irregulären, aber immerhin möglichen Ausweg aus einer schwierigen Situation entsprach. Aber bald nachher kam ein Traum, der sich feindselig gegen das Mädchen wandte, und nun konsultierte er von neuem Schermann, der das Gutachten abgab, das Mädchen sei kindisch, neurotisch und nicht zu heiraten. Der grosse Menschenkenner hatte diesmal recht, das Benehmen des Mädchens, das ja schon als die Braut des Mannes galt, wurde immer widerspruchsvoller, und es wurde beschlossen, sie einer Analyse zuzuführen. Das Ergebnis der Analyse war die Beseitigung dieses Heiratsplanes. Das Mädchen hatte volle unbewusste Kenntnis von den Beziehungen zwischen ihrer Mutter und ihrem Verlobten und hing letzterem nur infolge ihres Ödipuskomplexes an.

Um diese Zeit brach unsere Analyse ab. Der Patient war frei und fähig, sich seinen weiteren Weg selbst zu bahnen. Er wählte ein respektables, ausserhalb des Familienkreises stehendes Mädchen zur Frau, über das Schermann ein günstiges Urteil gefällt hatte. Möge er dieses Mal wieder recht behalten.

Sie haben verstanden, in welchem Sinn ich diese meine Erfahrungen mit Schermann deuten möchte. Sie sehen, dass all mein Material den einzigen Punkt der Gedankeninduktion behandelt, über all die anderen Wunder, die der Okkultismus behauptet, habe ich nichts zu sagen. Mein eigenes Leben ist, wie ich schon öffentlich bekannt habe, in okkulter Hinsicht besonders armselig verlaufen. Vielleicht scheint Ihnen das Problem der Gedankenübertragung recht geringfügig im Vergleich zur grossen Zauberwelt des Okkulten. Allein bedenken Sie, welch folgenschwerer Schritt über unseren bisherigen Standpunkt hinaus bereits diese eine Annahme wäre. Es bleibt wahr, was der Kustos von St. Denis der Erzählung von dem Martyrium des Heiligen anzufügen pflegte. St. Denis soll, nachdem ihm der Kopf abgeschlagen worden, diesen aufgehoben und mit ihm im Arm noch ein ganzes Stück gegangen sein. Der Kustos aber bemerkte hiezu: Dans des cas pareils, ce n'est que le premier pas qui coûte. Das Weitere findet sich.

DAS
MEDUSENHAUPT

Das Manuskript ist vom 14.V.1922 datiert. Es wurde in der Internationalen Zeitschrift für Psychoanalyse und Imago, Bd. XXV, 1940, Heft 2, abgedruckt. Den gleichen Gegenstand hat S. Ferenczi in einer Notiz „Zur Symbolik des Medusenhauptes" (Internationale Zeitschrift für Psychoanalyse, Band IX, 1923) behandelt. Freud streift das Thema in seinem Aufsatz: Die infantile Genitalorganisation, Ges. Schriften, Bd. V, S.235.

Die Deutung einzelner mythologischer Gebilde ist von uns nicht oft versucht worden. Sie liegt für das abgeschnittene, Grauen erweckende Haupt der Meduse nahe.

Kopfabschneiden = Kastrieren. Der Schreck der Meduse ist also Kastrationsschreck, der an einen Anblick geknüpft ist. Aus zahlreichen Analysen kennen wir diesen Anlass, er ergibt sich, wenn der Knabe, der bisher nicht an die Drohung glauben wollte, ein weibliches Genitale erblickt. Wahrscheinlich ein erwachsenes, von Haaren umsäumtes, im Grunde das der Mutter.

Wenn die Haare des Medusenhauptes von der Kunst so oft als Schlangen gebildet werden, so stammen diese wieder aus dem Kastrationskomplex und merkwürdig, so schrecklich sie an sich wirken, dienen sie doch eigentlich der Milderung des Grauens, denn sie ersetzen den Penis, dessen Fehlen die Ursache des Grauens ist. — Eine technische Regel: Vervielfältigung der Penissymbole bedeutet Kastration, ist hier bestätigt.

Der Anblick des Medusenhaupts macht starr vor Schreck, verwandelt den Beschauer in Stein. Dieselbe Abkunft aus dem Kastrationskomplex und derselbe Affektwandel! Denn das Starrwerden bedeutet die Erektion, also in der ursprünglichen Situation den Trost des Beschauers. Er hat noch einen Penis, versichert sich desselben durch sein Starrwerden.

Dies Symbol des Grauens trägt die jungfräuliche Göttin Athene an ihrem Gewand. Mit Recht, sie wird dadurch zum unnahbaren, jedes sexuelle Gelüste abwehrenden Weib. Sie trägt doch das erschreckende Genitale der Mutter zur Schau. Den durchgängig stark homosexuellen

Griechen konnte die Darstellung des durch seine Kastration abschreckenden Weibes nicht fehlen.

Wenn das Medusenhaupt die Darstellung des weiblichen Genitales ersetzt, vielmehr dessen grauenerregende Wirkung von seiner lusterregenden isoliert, so kann man sich erinnern, dass das Zeigen der Genitalien auch sonst als apotropaeische Handlung bekannt ist. Was einem selbst Grauen erregt, wird auch auf den abzuwehrenden Feind dieselbe Wirkung äussern. Noch bei Rabelais ergreift der Teufel die Flucht, nachdem ihm das Weib ihre Vulva gezeigt hat.

Auch das erigierte männliche Glied dient als Apotropaeon, aber kraft eines anderen Mechanismus. Das Zeigen des Penis — und all seine Surrogate — will sagen: Ich fürchte mich nicht vor dir, ich trotze dir, ich habe einen Penis. Das ist also ein anderer Weg zur Einschüchterung des bösen Geistes.

Um nun diese Deutung ernstlich zu vertreten, müsste man der Genese dieses isolierten Symbols des Grauens in der Mythologie der Griechen und seinen Parallelen in anderen Mythologien nachgehen.

ANSPRACHE AN DIE
MITGLIEDER DES VEREINS
B'NAI B'RITH (1926)

Verlesen bei der Feier des 70. Geburtstages (6. Mai 1926) als Erwiderung auf die von Prof. Ludwig Braun gehaltene Festrede.

Hochwürdiger Grosspräsident, würdige Präsidenten, liebe Brüder!

Dank für die Ehren, die Sie mir heute erwiesen haben! Sie wissen, warum ich nicht mit dem Ton der eigenen Stimme antworten kann. Sie haben einen meiner Freunde und Schüler von meiner wissenschaftlichen Arbeit sprechen hören, aber das Urteil über diese Dinge ist schwierig und vielleicht noch lange Zeit nicht mit einiger Sicherheit zu fällen. Erlauben Sie mir, etwas zur Rede des anderen hinzuzufügen, der auch mein Freund und mein sorgsamer Arzt ist. Ich möchte Ihnen kurz mitteilen, wie ich B.B. geworden bin und was ich bei Ihnen gesucht habe.

Es geschah in den Jahren nach 1895, dass zwei starke Eindrücke bei mir zur gleichen Wirkung zusammentrafen. Einerseits hatte ich die ersten Einblicke in die Tiefen des menschlichen Trieblebens gewonnen, manches gesehen, was ernüchtern, zunächst sogar erschrecken konnte, anderseits hatte die Mitteilung meiner unliebsamen Funde den Erfolg, dass ich den grössten Teil meiner damaligen menschlichen Beziehungen einbüsste; ich kam mir vor wie geächtet, von allen gemieden. In dieser Vereinsamung erwachte in mir die Sehnsucht nach einem Kreis von auserlesenen, hochgestimmten Männern, die mich ungeachtet meiner Verwegenheit freundschaftlich aufnehmen sollten. Ihre Vereinigung wurde mir als der Ort bezeichnet, wo solche Männer zu finden seien.

Dass Sie Juden sind, konnte mir nur erwünscht sein, denn ich war selbst Jude, und es war mir immer nicht nur unwürdig, sondern direkt unsinnig erschienen, es zu verleugnen. Was mich ans Judentum band, war — ich bin schuldig, es zu bekennen — nicht der Glaube, auch nicht der nationale Stolz, denn ich war immer ein Ungläubiger, bin ohne Religion erzogen worden, wenn auch nicht ohne Respekt vor den „ethisch" genannten Forderungen der menschlichen Kultur. Ein nationales Hochgefühl habe ich, wenn ich dazu neigte, zu unterdrücken mich bemüht, als unheilvoll und ungerecht, erschreckt durch die warnenden Beispiele der Völker, unter denen wir Juden leben. Aber es blieb genug anderes übrig, was die Anziehung des Judentums und der Juden unwiderstehlich machte, viele dunkle Gefühlsmächte, umso gewaltiger, je weniger sie sich in Worten erfassen liessen, ebenso wie die klare Bewusstheit der inneren Identität, die Heimlichkeit der gleichen seelischen Konstruktion. Und dazu kam bald die Einsicht, dass ich nur meiner jüdischen Natur die zwei Eigenschaften verdankte, die mir auf meinem schwierigen Lebensweg unerlässlich geworden waren. Weil ich Jude war, fand ich mich frei von vielen Vorurteilen, die andere im Gebrauch ihres Intellekts beschränkten, als Jude war ich dafür vorbereitet, in die Opposition zu gehen und auf das Einvernehmen mit der „kompakten Majorität" zu verzichten.

So wurde ich also einer der Ihrigen, nahm Anteil an Ihren humanitären und nationalen Interessen, gewann Freunde unter Ihnen und bestimmte die wenigen Freunde, die mir geblieben waren, in unsere Vereinigung einzutreten. Es kam ja garnicht in Frage, dass ich Sie von meinen neuen Lehren überzeuge, aber zu einer Zeit, da in Europa niemand auf mich hörte und ich auch noch in Wien keine Schüler hatte, schenkten Sie mir eine wohlwollende Aufmerksamkeit. Sie waren mein erstes Auditorium.

Etwa zwei Drittel der langen Zeit seit meinem Eintritte hielt ich gewissenhaft bei Ihnen aus, holte mir Erfrischung und Anregung aus dem Verkehr mit Ihnen. Sie waren heute so liebenswürdig, es mir nicht vorzuhalten, dass ich Ihnen in diesem letzten Drittel fern geblieben bin. Die Arbeit wuchs mir dann über den Kopf, Anforderungen, die mit ihr zusammenhingen, drängten sich vor, der Tag vertrug nicht mehr die Verlängerung durch den Sitzungsbesuch, bald darauf auch der Leib nicht die Verspätung der Mahlzeit. Zuletzt kamen die Jahre des Krankseins, das mich auch heute abhält, bei Ihnen zu erscheinen. Ob ich ein richtiger B.B. in Ihrem Sinne gewesen bin, weiss ich nicht. Fast wollte ich es bezweifeln, es waren zuviel besondere Bedingungen in meinem Falle ausgebildet. Aber dass Sie mir viel bedeutet und viel geleistet haben in den Jahren, da ich zu Ihnen gehörte, dessen darf ich Sie versichern. Und so empfangen Sie für damals wie für heute meinen wärmsten Dank.

In W. B. & E.
Ihr Sigm. Freud

ARBEITEN AUS DEM JAHRE 1938

DIE ICHSPALTUNG IM
ABWEHRVORGANG

Das Manuskript, das Fragment geblieben ist, trägt das Datum 2. Januar 1938. Die Arbeit wurde in der Internationalen Zeitschrift für Psychoanalyse und Imago, Bd. XXV, 1940, Heft 3/4, abgedruckt.

Ich befinde mich einen Moment lang in der interessanten Lage nicht zu wissen, ob das, was ich mitteilen will, als längst bekannt und selbstverständlich oder als völlig neu und befremdend gewertet werden soll. Ich glaube aber eher das letztere.

Es ist mir endlich aufgefallen, dass das jugendliche Ich der Person, die man Jahrzehnte später als analytischen Patienten kennen lernt, sich in bestimmten Situationen der Bedrängnis in merkwürdiger Weise benommen hat. Die Bedingung hiefür kann man allgemein und eher unbestimmt angeben, wenn man sagt, es geschieht unter der Einwirkung eines psychischen Traumas. Ich ziehe es vor, einen scharf umschriebenen Einzelfall hervorzuheben, der gewiss nicht alle Möglichkeiten der Verursachung deckt. Das Ich des Kindes befinde sich also im Dienste eines mächtigen Triebanspruchs, den zu befriedigen es gewohnt ist, und wird plötzlich durch ein Erlebnis geschreckt, das ihn lehrt, die Fortsetzung dieser Befriedigung werde eine schwer erträgliche reale Gefahr zur Folge haben. Es soll sich nun entscheiden: entweder die reale Gefahr anerkennen, sich vor ihr beugen und auf die Triebbefriedigung verzichten, oder die Realität verleugnen, sich glauben machen, dass kein Grund zum Fürchten besteht, damit es an der Befriedigung festhalten kann. Es ist also ein Konflikt zwischen dem Anspruch des Triebes und dem Einspruch der Realität. Das Kind tut aber keines von beiden, oder vielmehr, es tut gleichzeitig beides, was auf dasselbe hinauskommt. Es antwortet auf den Konflikt mit zwei entgegengesetzten Reaktionen, beide giltig und wirksam. Einerseits weist es mit Hilfe bestimmter Mechanismen die Realität ab und lässt sich nichts verbieten, anderseits anerkennt es im gleichen Atem die

Gefahr der Realität, nimmt die Angst vor ihr als Leidenssymptom auf sich und sucht sich später ihrer zu erwehren. Man muss zugeben, das ist eine sehr geschickte Lösung der Schwierigkeit. Beide streitende Parteien haben ihr Teil bekommen; der Trieb darf seine Befriedigung behalten, der Realität ist der gebührende Respekt gezollt worden. Aber umsonst ist bekanntlich nur der Tod. Der Erfolg wurde erreicht auf Kosten eines Einrisses im Ich, der nie wieder verheilen, aber sich mit der Zeit vergrössern wird. Die beiden entgegengesetzten Reaktionen auf den Konflikt bleiben als Kern einer Ichspaltung bestehen. Der ganze Vorgang erscheint uns so sonderbar, weil wir die Synthese der Ichvorgänge für etwas Selbstverständliches halten. Aber wir haben offenbar darin Unrecht. Die so ausserordentlich wichtige synthetische Funktion des Ichs hat ihre besonderen Bedingungen und unterliegt einer ganzen Reihe von Störungen.

Es kann nur von Vorteil sein, wenn ich in diese schematische Darstellung die Daten einer besonderen Krankengeschichte einsetze. Ein Knabe hat im Alter zwischen drei und vier Jahren das weibliche Genitale kennen gelernt durch Verführung von Seiten eines älteren Mädchens. Nach Abbruch dieser Beziehungen setzt er die so empfangene sexuelle Anregung in eifriger manueller Onanie fort, wird aber bald von der energischen Kinderpflegerin ertappt und mit der Kastration bedroht, deren Ausführung, wie gewöhnlich, dem Vater zugeschoben wird. Die Bedingungen für eine ungeheure Schreckwirkung sind in diesem Falle gegeben. Die Kastrationsdrohung für sich allein muss nicht viel Eindruck machen, das Kind verweigert ihr den Glauben, es kann sich nicht leicht vorstellen, dass eine Trennung von dem so hoch eingeschätzten Körperteil möglich ist. Beim Anblick des weiblichen Genitales hätte sich das Kind von einer solchen Möglichkeit überzeugen können, aber das Kind hatte damals den Schluss nicht gezogen, weil die Abneigung dagegen zu gross und kein Motiv vorhanden war, das ihn erzwang. Im Gegenteile, was sich etwa an Unbehagen regte, wurde durch die Auskunft beschwichtigt, was da fehlt, wird noch kommen, es — das Glied — wird ihr später wachsen. Wer genug kleine Knaben beobachtet hat, kann sich an eine solche Äusserung beim Anblick des Genitales der kleinen Schwester erinnern. Anders aber, wenn beide Momente zusammengetroffen sind. Dann weckt die Drohung die Erinnerung an die für harmlos gehaltene Wahrnehmung und findet in ihr die gefürchtete Bestätigung. Der Knabe glaubt jetzt zu verstehen, warum das Genitale des Mädchens keinen Penis zeigte, und wagt es nicht mehr zu bezweifeln, dass seinem eigenen Genitale das Gleiche widerfahren kann. Er muss fortan an die Realität der Kastrationsgefahr glauben.

Die gewöhnliche, die als normal geltende Folge des Kastrationsschrecks ist nun, dass der Knabe der Drohung nachgibt, im vollen oder wenigstens im partiellen Gehorsam — indem er nicht mehr die Hand ans Genitale führt — entweder sofort oder nach längerem Kampf, also auf die Befriedigung des Triebes ganz oder teilweise verzichtet. Wir sind aber darauf vorbereitet, dass unser Patient sich anders zu helfen wusste. Er schuf sich einen Ersatz für den vermissten Penis des Weibes, einen Fetisch. Damit hatte er zwar die Realität verleugnet, aber seinen eigenen Penis gerettet. Wenn er nicht anerkennen musste, dass das Weib ihren Penis verloren hatte, so büsste die ihm erteilte Drohung ihre Glaubwürdigkeit ein, dann brauchte er auch für seinen Penis nicht zu fürchten, konnte ungestört seine Masturbation fortsetzen. Dieser Akt unseres Patienten imponiert uns als eine Abwendung von der Realität, als ein Vorgang, den wir gern der Psychose vorbehalten möchten. Er ist auch nicht viel anders, aber wir wollen doch unser Urteil suspendieren, denn bei näherer Betrachtung entdecken wir einen nicht unwichtigen Unterschied. Der Knabe hat nicht einfach seiner Wahrnehmung widersprochen, einen Penis dorthin halluziniert, wo keiner zu sehen war, sondern er hat nur eine Wertverschiebung vorgenommen, die Penisbedeutung einem anderen Körperteil übertragen, wobei ihm — in hier nicht anzuführender Weise — der Mechanismus der Regression zu Hilfe kam. Freilich betraf diese Verschiebung nur den Körper des Weibes, für den eigenen Penis änderte sich nichts.

Diese, man möchte sagen, kniffige Behandlung der Realität entscheidet über das praktische Benehmen des Knaben. Er betreibt seine Masturbation weiter, als ob sie seinem Penis keine Gefahr bringen könnte, aber gleichzeitig entwickelt er in vollem Widerspruch zu seiner anscheinenden Tapferkeit oder Unbekümmertheit ein Symptom, welches beweist, dass er diese Gefahr doch anerkennt. Es ist ihm angedroht worden, dass der Vater ihn kastrieren wird, und unmittelbar nachher, gleichzeitig mit der Schöpfung des Fetisch, tritt bei ihm eine intensive Angst vor der Bestrafung durch den Vater auf, die ihn lange beschäftigen wird, die er nur mit dem ganzen Aufwand seiner Männlichkeit bewältigen und überkompensieren kann. Auch diese Angst vor dem Vater schweigt von der Kastration. Mit Hilfe der Regression auf eine orale Phase erscheint sie als Angst, vom Vater gefressen zu werden. Es ist unmöglich, hier nicht eines urtümlichen Stücks der griechischen Mythologie zu gedenken, das berichtet, wie der alte Vatergott Kronos seine Kinder verschlingt und auch den jüngsten Sohn Zeus verschlingen will, und wie der durch die List der Mutter gerettete Zeus später den Vater entmannt. Um aber zu unserem Fall zurückzukehren, fügen wir hinzu, dass er noch ein anderes, wenn auch geringfügiges Symptom produzierte, das er bis auf den heutigen Tag festgehalten hat, eine ängstliche Empfindlichkeit seiner beiden kleinen Zehen gegen Berührung, als ob in dem sonstigen Hin und Her von Verleugnung und Anerkennung der Kastration doch noch ein deutlicherer Ausdruck zukäme..

ABRISS DER
PSYCHOANALYSE

Der „Abriss der Psychoanalyse" ist im Juli 1938 begonnen worden und ist unfertig geblieben. Die Arbeit bricht im III. Teil ab ohne Hinweis darauf, wie weit oder in welcher Richtung ihre Forsetzung beabsichtigt war. Das 3. Kapitel ist im Gegensatz zum übrigen Manuskript schlagwortartig mit Gebrauch vieler Abkürzungen niedergeschrieben. Es ist hier zu Sätzen ergänzt worden. Der Titel des I. Teils ist einer späteren Fassung (Oktober 1938) entnommen. Die Arbeit wurde in der Internationalen Zeitschrift für Psychoanalyse und Imago, Bd. XXV, 1940, Heft 1, abgedruckt.

I. TEIL
DIE NATUR DES PSYCHISCHEN

I. TEIL.

DIE MENSCHLICHE PSYCHISCHEN

1. KAPITEL

DER PSYCHISCHE APPARAT

Die Psychoanalyse macht eine Grundvoraussetzung, deren Diskussion philosophischem Denken vorbehalten bleibt, deren Rechtfertigung in ihren Resultaten liegt. Von dem, was wir unsere Psyche (Seelenleben) nennen, ist uns zweierlei bekannt, erstens das körperliche Organ und Schauplatz desselben, das Gehirn (Nervensystem), anderseits unsere Bewusstseinsakte, die unmittelbar gegeben sind und uns durch keinerlei Beschreibung näher gebracht werden können. Alles dazwischen ist uns unbekannt, eine direkte Beziehung zwischen beiden Endpunkten unseres Wissens ist nicht gegeben. Wenn sie bestünde, würde sie höchstens eine genaue Lokalisation der Bewusstseinsvorgänge liefern und für deren Verständnis nichts leisten.

Unsere beiden Annahmen setzen an diesen Enden oder Anfängen unseres Wissens an. Die erste betrifft die Lokalisation. Wir nehmen an, dass das Seelenleben die Funktion eines Apparates ist, dem wir räumliche Ausdehnung und Zusammensetzung aus mehreren Stücken zuschreiben, den wir uns also ähnlich vorstellen wie ein Fernrohr, ein Mikroskop u.dgl. Der konsequente Ausbau einer solchen Vorstellung ist ungeachtet gewisser bereits versuchter Annäherung eine wissenschaftliche Neuheit.

Zur Kenntnis dieses psychischen Apparates sind wir durch das Studium der individuellen Entwicklung des menschlichen Wesens gekommen. Die älteste dieser psychischen Provinzen oder Instanzen nennen wir das *Es*; sein Inhalt ist alles, was ererbt, bei Geburt mitgebracht, konstitutionell festgelegt ist, vor allem also die aus der Körperorganisation stammenden Triebe, die hier einen ersten uns in seinen Formen unbekannten psychischen Ausdruck finden.[1] Unter dem Einfluss der uns umgebenden realen Aussenwelt hat ein Teil des Es eine besondere Entwicklung erfahren. Ursprünglich als Rindenschicht mit den Organen zur Reizaufnahme und den Einrichtungen zum Reizschutz ausgestattet, hat sich eine besondere Organisation hergestellt, die von nun an zwischen Es und Aussenwelt vermittelt. Diesem Bezirk unseres Seelenlebens lassen wir den Namen des *Ichs*.

Die hauptsächlichen Charaktere des Ichs. Infolge der vorgebildeten Beziehung zwischen Sinneswahrnehmung und Muskelaktion hat das Ich die Verfügung über die willkürlichen Bewegungen. Es hat die Aufgabe der Selbstbehauptung, erfüllt sie, indem es nach aussen die Reize kennen lernt, Erfahrungen über sie aufspeichert (im Gedächtnis), überstarke Reize vermeidet (durch Flucht), mässigen Reizen begegnet (durch Anpassung) und endlich lernt, die Aussenwelt in zweckmässiger Weise zu seinem Vorteil zu verändern (Aktivität); nach innen gegen das Es, indem es die Herrschaft über die Triebansprüche gewinnt, entscheidet, ob sie zur Befriedigung zugelassen werden sollen, diese Befriedigung auf die in der Aussenwelt günstigen Zeiten und Umstände verschiebt oder ihre Erregungen überhaupt unterdrückt. In seiner Tätigkeit wird es durch die Beachtungen der in ihm vorhandenen oder in dasselbe eingetragenen Reizspannungen geleitet. Deren Erhöhung wird allgemein als *Unlust*, deren Herabsetzung als *Lust* empfunden. Wahrscheinlich sind es aber nicht die absoluten Höhen dieser Reizspannung, sondern etwas im Rhythmus ihrer Veränderung, was als Lust und Unlust empfunden wird. Das Ich strebt nach Lust, will der Unlust ausweichen. Eine erwartete, vorausgesehene Unluststeigerung wird mit dem *Angstsignal* beantwortet, ihr Anlass, ob er von aussen oder innen droht, heisst eine *Gefahr*. Von Zeit zu Zeit löst das Ich seine Verbindung mit der Aussenwelt und zieht sich in den Schlafzustand zurück, in dem es seine Orga-

1) Dieser älteste Teil des psychischen Apparates bleibt durchs ganze Leben der wichtigste. An ihm hat auch die Forschungsarbeit der Psychoanalyse eingesetzt.

nisation weitgehend verändert. Aus dem Schlafzustand ist zu schliessen, dass diese Organisation in einer besonderen Verteilung der seelischen Energie besteht.

Als Niederschlag der langen Kindheitsperiode, während der der werdende Mensch in Abhängigkeit von seinen Eltern lebt, bildet sich in seinem Ich eine besondere Instanz heraus, in der sich dieser elterliche Einfluss fortsetzt. Sie hat den Namen des *Überichs* erhalten. Insoweit dieses Überich sich vom Ich sondert oder sich ihm entgegenstellt, ist es eine dritte Macht, der das Ich Rechnung tragen muss.

Eine Handlung des Ichs ist dann korrekt, wenn sie gleichzeitig den Anforderungen des Es, des Überichs und der Realität genügt, also deren Ansprüche miteinander zu versöhnen weiss. Die Einzelheiten der Beziehung zwischen Ich und Überich werden durchwegs aus der Zurückführung auf das Verhältnis des Kindes zu seinen Eltern verständlich. Im Elterneinfluss wirkt natürlich nicht nur das persönliche Wesen der Eltern, sondern auch der durch sie fortgepflanzte Einfluss von Familien-, Rassen- und Volkstradition sowie die von ihnen vertretenen Anforderungen des jeweiligen sozialen Milieus. Ebenso nimmt das Überich im Laufe der individuellen Entwicklung Beiträge von Seiten späterer Fortsetzer und Ersatzpersonen der Eltern auf, wie Erzieher, öffentlicher Vorbilder, in der Gesellschaft verehrter Ideale. Man sieht, dass Es und Überich bei all ihrer fundamentalen Verschiedenheit die eine Übereinstimmung zeigen, dass sie die Einflüsse der Vergangenheit repräsentieren, das Es den der ererbten, das Überich im wesentlichen den der von Anderen übernommenen, während das Ich hauptsächlich durch das selbst Erlebte, also Akzidentelle und Aktuelle bestimmt wird.

Dies allgemeine Schema eines psychischen Apparates wird man auch für die höheren, dem Menschen seelisch ähnlichen Tiere gelten lassen. Ein Überich ist überall dort anzunehmen, wo es wie beim Menschen eine längere Zeit kindlicher Abhängigkeit gegeben hat. Eine Scheidung von Ich und Es ist unvermeidlich anzunehmen.

Die Tierpsychologie hat die interessante Aufgabe, die sich hier ergibt noch nicht in Angriff genommen.

2. KAPITEL

TRIEBLEHRE

Die Macht des Es drückt die eigentliche Lebensabsicht des Einzelwesens aus. Sie besteht darin, seine mitgebrachten Bedürfnisse zu befriedigen. Eine Absicht, sich am Leben zu erhalten und sich durch die Angst vor Gefahren zu schützen, kann dem Es nicht zugeschrieben werden. Dies ist die Aufgabe des Ichs, das auch die günstigste und gefahrloseste Art der Befriedigung mit Rücksicht auf die Aussenwelt herauszufinden hat. Das Überich mag neue Bedürfnisse geltend machen, seine Hauptleistung bleibt aber die Einschränkung der Befriedigungen.
Die Kräfte, die wir hinter den Bedürfnisspannungen des Es annehmen, heissen wir *Triebe*. Sie repräsentieren die körperlichen Anforderungen an das Seelenleben. Obwohl letzte Ursache jeder Aktivität, sind sie konservativer Natur; aus jedem Zustand, den ein Wesen erreicht hat, geht ein Bestreben hervor, diesen Zustand wiederherzustellen, sobald er verlassen worden ist. Man kann also eine unbestimmte Anzahl von Trieben unterscheiden, tut es auch in der gewöhnlichen Übung. Für uns ist die Möglichkeit bedeutsam, ob man nicht all diese vielfachen Triebe auf einige wenige Grundtriebe zurückführen könne. Wir haben erfahren, dass die Triebe ihr Ziel verändern können (durch Verschiebung), auch dass sie einander ersetzen können, indem die Energie des einen Triebs auf einen anderen übergeht. Der letztere Vorgang ist noch wenig gut verstanden. Nach langem Zögern und Schwanken haben wir uns entschlossen, nur zwei Grundtriebe

anzunehmen, den *Eros* und den *Destruktionstrieb*. (Der Gegensatz von Selbsterhaltungs- und Arterhaltungstrieb sowie der andere von Ichliebe und Objektliebe fällt noch innerhalb des Eros.) Das Ziel des ersten ist, immer grössere Einheiten herzustellen und so zu erhalten, also Bindung, das Ziel des anderen im Gegenteil, Zusammenhänge aufzulösen und so die Dinge zu zerstören. Beim Destruktionstrieb können wir daran denken, dass als sein letztes Ziel erscheint, das Lebende in den anorganischen Zustand zu überführen. Wir heissen ihn darum auch *Todestrieb*. Wenn wir annehmen, dass das Lebende später als das Leblose gekommen und aus ihm entstanden ist, so fügt sich der Todestrieb der erwähnten Formel, dass ein Trieb die Rückkehr zu einem früheren Zustand anstrebt. Für den Eros (oder Liebestrieb) können wir eine solche Anwendung nicht durchführen. Es würde voraussetzen, dass die lebende Substanz einmal eine Einheit war, die dann zerrissen wurde und die nun die Wiedervereinigung anstrebt.[1]

In den biologischen Funktionen wirken die beiden Grundtriebe gegeneinander oder kombinieren sich miteinander. So ist der Akt des Essens eine Zerstörung des Objekts mit dem Endziel der Einverleibung, der Sexualakt eine Aggression mit der Absicht der innigsten Vereinigung. Dieses Mit- und Gegeneinanderwirken der beiden Grundtriebe ergibt die ganze Buntheit der Lebenserscheinungen. Über den Bereich des Lebenden hinaus führt die Analogie unserer beiden Grundtriebe zu dem im Anorganischen herrschenden Gegensatzpaar von Anziehung und Abstossung.[2]

Veränderungen im Mischungsverhältnis der Triebe haben die greifbarsten Folgen. Ein stärkerer Zusatz zur sexuellen Aggression führt vom Liebhaber zum Lustmörder, eine starke Herabsetzung des aggressiven Faktors macht ihn scheu oder impotent.

Es kann keine Rede davon sein, den einen oder anderen der Grundtriebe auf eine der seelischen Provinzen einzuschränken. Sie müssen

---

1) Dichter haben Ähnliches phantasiert, aus der Geschichte der lebendne Substanz ist uns nichts Entsprechendes bekannt.
2) Die Darstellung der Grundkräfte oder Triebe, gegen die sich die Analytiker noch vielfach sträuben, war bereits dem Philosophen *Empedokles von Akragas* vertraut.

überall anzutreffen sein. Einen Anfangszustand stellen wir uns in der Art vor, dass die gesamte verfügbare Energie des Eros, die wir von nun ab *Libido* heissen werden, im noch undifferenzierten Ich-Es vorhanden ist und dazu dient, die gleichzeitig vorhandenen Destruktionsneigungen zu neutralisieren. (Für die Energie des Destruktionstriebes fehlt uns ein der Libido analoger Terminus.) Späterhin wird es uns verhältnismässig leicht, die Schicksale der Libido zu verfolgen, beim Destruktionstrieb ist es schwerer.

Solange dieser Trieb als Todestrieb im Inneren wirkt, bleibt er stumm, er stellt sich uns erst, wenn er als Destruktionstrieb nach aussen gewendet wird. Dass dies geschehe, scheint eine Notwendigkeit für die Erhaltung des Individuums. Das Muskelsystem dient dieser Ableitung. Mit der Einsetzung des Überichs werden ansehnliche Beträge des Aggressionstriebes im Innern des Ichs fixiert und wirken dort selbstzerstörend. Es ist eine der hygienischen Gefahren, die der Mensch auf seinem Weg zur Kulturentwicklung auf sich nimmt. Zurückhaltung von Aggression ist überhaupt ungesund, wirkt krankmachend (Kränkung). Den Übergang von verhinderter Aggression in Selbstzerstörung durch Wendung der Aggression gegen die eigene Person demonstriert oft eine Person im Wutanfall, wenn sie sich die Haare rauft, mit den Fäusten ihr Gesicht bearbeitet, wobei sie offenbar diese Behandlung lieber einem anderen zugedacht hätte. Ein Anteil von Selbstzerstörung verbleibt unter allen Umständen im Inneren, bis es ihm endlich gelingt, das Individuum zu töten, vielleicht erst, wenn dessen Libido aufgebraucht oder unvorteilhaft fixiert ist. So kann man allgemein vermuten, das Individuum stirbt an seinen inneren Konflikten, die Art hingegen an ihrem erfolglosen Kampf gegen die Aussenwelt, wenn diese sich in einer Weise geändert hat, für die die von der Art erworbenen Anpassungen nicht zureichen.

Es ist schwer, etwas über das Verhalten der Libido im Es und im Überich auszusagen. Alles, was wir darüber wissen, bezieht sich auf das Ich, in dem anfänglich der ganze verfügbare Betrag von Libido aufgespeichert ist. Wir nennen diesen Zustand den absoluten primären *Narzissmus*. Er hält solange an, bis das Ich beginnt die Vorstellungen von Objekten mit Libido zu besetzen, narzisstische Libido in *Objektlibido* umzusetzen. Über das ganze Leben bleibt das Ich das grosse Reservoir, aus dem Libidobesetzungen an Objekte ausgeschickt und in das sie auch wieder zurückgezogen werden, wie ein Protoplasmakörper mit seinen Pseudopodien verfährt. Nur im Zustand einer vollen Verliebtheit wird der Hauptbetrag der Libido auf das Objekt übertragen, setzt sich das Objekt gewissermassen an die Stelle des Ichs. Ein im Leben wichtiger Charakter ist die *Beweglichkeit* der Libido, die Leichtigkeit, mit der sie von einem Objekt auf andere Objekte übergeht. Im Gegensatz hiezu steht die *Fixierung* der Libido an bestimmte Objekte, die oft durchs Leben anhält.

Es ist unverkennbar, dass die Libido somatische Quellen hat, dass sie von verschiedenen Organen und Körperstellen her dem Ich zuströmt. Man sieht das am deutlichsten an jenem Anteil der Libido, der nach seinem Triebziel als Sexualerregung bezeichnet wird. Die hervorragendsten der Körperstellen, von denen diese Libido ausgeht, zeichnet man durch den Namen *erogene Zonen* aus, aber eigentlich ist der ganze Körper eine solche erogene Zone. Das Beste was wir vom Eros, also von seinem Exponenten, der Libido, wissen, ist durch das Studium der Sexualfunktion gewonnen worden, die sich ja in der landläufigen Auffassung, wenn auch nicht in unserer Theorie, mit dem Eros deckt. Wir konnten uns ein Bild davon machen, wie das Sexualstreben, das dazu bestimmt ist, unser Leben entscheidend zu beeinflussen, sich allmählich entwickelt aus den aufeinanderfolgenden Beiträgen von mehreren Partialtrieben, die bestimmte erogene Zonen vertreten.

3. KAPITEL

DIE ENTWICKLUNG DER SEXUALFUNKTION

Der landläufigen Auffassung nach besteht das menschliche Sexualleben im wesentlichen aus dem Bestreben, die eigenen Genitalien mit denen einer Person des anderen Geschlechts in Kontakt zu bringen. Küssen, Beschauen und Betasten dieses fremden Körpers treten dabei als Begleiterscheinungen und einleitende Handlungen auf. Dieses Bestreben sollte mit der Pubertät, also im Alter der Geschlechtsreife auftreten und der Fortpflanzung dienen. Allerdings waren immer gewisse Tatsachen bekannt, die nicht in den engen Rahmen dieser Auffassung passen. 1) Es ist merkwürdig, dass es Personen gibt, für die nur Individuen des eigenen Geschlechts und deren Genitalien Anziehung besitzen. 2) Es ist ebenso merkwürdig, dass es Personen gibt, deren Gelüste sich ganz wie sexuelle gebärden, aber dabei von den Geschlechtsteilen oder deren normaler Verwendung ganz absehen; man heisst solche Menschen Perverse. 3) Und es ist schliesslich auffällig, dass manche deshalb für degeneriert gehaltene Kinder sehr frühzeitig Interesse für ihre Genitalien und Zeichen von Erregung derselben zeigen.

Es ist begreiflich, dass die Psychoanalyse Aufsehen und Widerspruch hervorrief, als sie, zum Teil anknüpfend an diese drei geringgeschätzten Tatsachen, allen populären Ansichten über die Sexualität widersprach. Ihre Hauptergebnisse sind folgende:

a) Das Sexualleben beginnt nicht erst mit der Pubertät, sondern setzt bald nach der Geburt mit deutlichen Äusserungen ein.

b) Es ist notwendig, zwischen den Begriffen sexuell und genital scharf zu unterscheiden. Der erstere ist der weitere Begriff und umfasst viele Tätigkeiten, die mit den Genitalien nichts zu tun haben.

c) Das Sexualleben umfasst die Funktion der Lustgewinnung aus Körperzonen, die nachträglich in den Dienst der Fortpflanzung gestellt wird. Beide Funktionen kommen oft nicht ganz zur Dekkung.

Das Hauptinteresse richtet sich natürlich auf die erste Behauptung, die unerwartetste von allen. Es hat sich gezeigt, dass es im frühen Kindesalter Anzeichen von körperlicher Tätigkeit gibt, denen nur ein altes Vorurteil den Namen sexuell verweigern konnte und die mit psychischen Phänomenen verbunden sind, die wir später im erwachsenen Liebesleben finden, wie etwa die Fixierung an bestimmte Objekte, Eifersucht usw. Es zeigt sich aber darüber hinaus, dass diese in der frühen Kindheit auftauchenden Phänomene einer gesetzmässigen Entwicklung angehören, eine regelmässige Steigerung durchmachen, etwa gegen Ende des fünften Lebensjahres einen Höhepunkt erreichen, dem dann eine Ruhepause folgt. Während dieser steht der Fortschritt stille, vieles wird verlernt und wieder rückgebildet. Nach Ablauf dieser sogenannten Latenzzeit setzt sich mit der Pubertät das Sexualleben fort, wir könnten sagen, es blüht wieder auf. Wir stossen hier auf die Tatsache eines *zweizeitigen Ansatzes* des Sexuallebens, die ausser beim Menschen nicht bekannt und offenbar sehr wichtig für die Menschwerdung ist.[1] Es ist nicht gleichgiltig, dass die Ereignisse dieser Frühzeit der Sexualität der *infantilen Amnesie* bis auf Reste zum Opfer fallen. Unsere Anschauungen über die Ätiologie der Neurosen und unsere Technik der analytischen Therapie knüpft an diese Auffassungen

---

1) S. die Vermutung, dass der Mensch von einem Säugetier abstammt, das mit 5 Jahren geschlechtsreif wurde. Irgendein grosser äusserer Einfluss auf die Art hat dann die gradlinige Entwicklung der Sexualität gestört. Damit könnten andere Umwandlungen des Sexuallebens beim Menschen im Vergleich zum Tier zusammenhängen, etwa die Aufhebung der Periodizität der Libido und die Verwendung der Rolle der Menstruation in der Beziehung der Geschlechter

an. Die Verfolgung der Entwicklungsvorgänge dieser Frühzeit hat auch Beweise für andere Behauptungen geliefert.

Das erste Organ, das als erogene Zone auftritt und einen libidinösen Anspruch an die Seele stellt, ist von der Geburt an der Mund. Alle psychische Tätigkeit ist zunächst darauf eingestellt, dem Bedürfnis dieser Zone Befriedigung zu schaffen. Diese dient natürlich in erster Linie der Selbsterhaltung durch Ernährung, aber man darf Physiologie nicht mit Psychologie verwechseln. Frühzeitig zeigt sich im hartnäckig festgehaltenen Lutschen des Kindes ein Befriedigungsbedürfnis, das — obwohl von der Nahrungsaufnahme ausgehend und von ihr angeregt — doch unabhängig von Ernährung nach Lustgewinn strebt und darum *sexuell* genannt werden darf und soll.

Schon während dieser oralen Phase treten mit Erscheinen der Zähne sadistische Impulse isoliert auf. In viel grösserem Umfang in der zweiten Phase, die wir die sadistisch-anale heissen, weil hier die Befriedigung in der Aggression und in der Funktion der Exkretion gesucht wird. Wir begründen das Recht, die aggressiven Strebungen unter der Libido anzuführen auf die Auffassung, dass der Sadismus eine Triebmischung von rein libidinösen mit rein destruktiven Strebungen ist, eine Mischung, die von da an nicht aufhören wird.[1]

Die dritte ist die sogenannte phallische Phase, die, gleichsam als Vorläufer, der Endgestaltung des Sexuallebens bereits recht ähnlich ist. Es ist bemerkenswert, dass nicht die Genitalien beider Geschlechter hier eine Rolle spielen, sondern nur das männliche (Phallus). Das weibliche Genitale bleibt lange unbekannt, das Kind huldigt in seinem Versuch, die sexuellen Vorgänge zu verstehen, der ehrwürdigen Cloakentheorie, die genetisch ihre Berechtigung hat.[2]

---

1) Es entsteht die Frage, ob die Befriedigung rein destruktiver Triebregungen als Lust verspürt werden kann, ob reine Destruktion ohne libidinösen Zusatz vorkommt. Befriedigung des im Ich verbliebenen Todestriebs scheint Lustempfindungen nicht zu ergeben, obwohl der Masochismus eine ganz analoge Mischung wie der Sadismus darstellt.

2) Frühzeitige Vaginalerregungen werden vielfach behauptet, sehr wahrscheinlich handelt es sich aber um Erregungen an der Klitoris, also einem dem Penis analogen Organ, was die Berechtigung, die Phase die phallische zu nennen, nicht aufhebt.

Mit und in der phallischen Phase erreicht die frühkindliche Sexualität ihre Höhe und nähert sich dem Untergang. Knabe und Mädchen haben von jetzt an gesonderte Schicksale. Beide haben begonnen, ihre intellektuelle Tätigkeit in den Dienst der Sexualforschung zu stellen, beide gehen von der Voraussetzung des Allgemeinvorkommens des Penis aus. Aber jetzt scheiden sich die Wege der Geschlechter. Der Knabe tritt in die Ödipusphase ein, er beginnt die manuelle Betätigung am Penis mit gleichzeitigen Phantasien von irgendeiner sexuellen Betätigung desselben an der Mutter, bis er durch Zusammenwirkung einer Kastrationsdrohung und dem Anblick der weiblichen Penislosigkeit das grösste Trauma seines Lebens erfährt, das die Latenzzeit mit allen ihren Folgen einleitet. Das Mädchen erlebt nach vergeblichem Versuch, es dem Knaben gleichzutun, die Erkenntnis ihres Penismangels oder besser ihrer Klitorisminderwertigkeit mit dauernden Folgen für die Charakterentwicklung; infolge dieser ersten Enttäuschung in der Rivalität häufig mit erster Abwendung vom Sexualleben überhaupt.

Es wäre missverständlich zu glauben, dass diese drei Phasen einander glatt ablösen; die eine kommt zur anderen hinzu, sie überlagern einander, bestehen nebeneinander. In den frühen Phasen gehen die einzelnen Partialtriebe unabhängig von einander auf Lusterwerb aus, in der phallischen Phase beginnen die Anfänge einer Organisation, die die anderen Strebungen dem Primat der Genitalien unterordnet und den Beginn der Einordnung des allgemeinen Luststrebens in die Sexualfunktion bedeutet. Die volle Organisation wird erst durch die Pubertät in einer vierten, genitalen, Phase erreicht. Dann hat sich ein Zustand hergestellt, in dem 1) manche frühere Libidobesetzungen erhalten geblieben sind, 2) andere in die Sexualfunktion aufgenommen werden als vorbereitende, unterstützende Akte, deren Befriedigung die sogenannte Vorlust ergibt, 3) andere Strebungen von der Organisation ausgeschlossen werden, entweder überhaupt unterdrückt (verdrängt) werden oder eine andere Verwendung im Ich erfahren, Charakterzüge bilden, Sublimierungen mit Zielverschiebungen erleiden.

Dieser Prozess vollzieht sich nicht immer tadellos. Die Hemmungen in seiner Entwicklung geben sich als die mannigfachen Störungen des

Sexuallebens kund. Es sind dann Fixierungen der Libido an Zustände früherer Phasen vorhanden, deren vom normalen Sexualziel unabhängige Strebung als *Perversion* bezeichnet wird. Eine solche Entwicklungshemmung ist z.B. die Homosexualität, wenn sie manifest ist. Die Analyse weist nach, dass eine homosexuelle Objektbindung in allen Fällen vorhanden war und in den meisten auch *latent* erhalten geblieben ist. Die Verhältnisse werden dadurch kompliziert, dass in der Regel die zur Herstellung des normalen Ausgangs erforderten Vorgänge sich nicht etwa vollziehen oder ausbleiben, sondern dass sie sich *partiell* vollziehen, so dass die Endgestaltung von diesen *quantitativen* Relationen abhängig bleibt. Die genitale Organisation ist dann zwar erreicht, aber geschwächt um die Anteile der Libido, die sie nicht mitgemacht haben und an prägenitale Objekte und Ziele fixiert geblieben sind. Diese Schwächung zeigt sich in der Neigung der Libido, im Falle von genitaler Nichtbefriedigung oder realer Schwierigkeiten in die früheren prägenitalen Besetzungen zurückzukehren (*Regression*).

Während des Studiums der Sexualfunktionen konnten wir eine erste, vorläufige Überzeugung, richtiger gesagt eine Ahnung von zwei Einsichten erwerben, die sich später durch das ganze Gebiet als wichtig erweisen werden. Erstens, dass die normalen und abnormen Erscheinungen, die wir beobachten, d.h. die Phänomenologie, eine Beschreibung vom Gesichtspunkt der Dynamik und Ökonomik (in unserem Falle der quantitativen Verteilung der Libido) erfordern; und zweitens, dass die Ätiologie der Störungen, die wir studieren, in der Entwicklungsgeschichte, also in der Frühzeit des Individuums, zu finden ist.

4. KAPITEL

PSYCHISCHE QUALITÄTEN

Wir haben den Bau des psychischen Apparats beschrieben, die Energien oder Kräfte, die in ihm tätig sind, und an einem hervorragenden Beispiel verfolgt, wie sich diese Energien, hauptsächlich die Libido, zu einer physiologischen Funktion, die der Arterhaltung dient, organisieren. Es war nichts dabei, was den ganz eigenartigen Charakter des Psychischen vertrat, abgesehen natürlich von der empirischen Tatsache, dass dieser Apparat und diese Energien den Funktionen zu Grunde liegen, die wir unser Seelenleben heissen. Wir wenden uns zu dem, was für dieses Psychische einzig charakteristisch ist, ja sich nach sehr verbreiteter Meinung mit ihm zum Ausschluss von anderem deckt.

Den Ausgang für diese Untersuchung gibt die unvergleichliche, jeder Erklärung und Beschreibung trotzende Tatsache des Bewusstseins. Spricht man von Bewusstsein, so weiss man trotzdem unmittelbar aus eigenster Erfahrung, was damit gemeint ist.[1] Vielen innerhalb wie ausserhalb der Wissenschaft genügt es anzunehmen, das Bewusstsein sei allein das Psychische und dann bleibt in der Psychologie nichts anderes zu tun, als innerhalb der psychischen Phänomenologie Wahrnehmungen, Gefühle, Denkvorgänge und Willensakte zu unterscheiden. Diese bewussten Vorgänge bilden aber nach allgemeiner Überein-

1) Eine extreme Richtung wie der in Amerika entstandene Behaviourismus glaubt eine Psychologie aufbauen zu können, die von dieser Grundtatsache absieht!

stimmung keine lückenlosen, in sich abgeschlossenen Reihen, so dass nichts anderes übrig bliebe als physische oder somatische Begleitvorgänge des Psychischen anzunehmen, denen man eine grössere Vollständigkeit als den psychischen Reihen zugestehen muss, da einige von ihnen bewusste Parallelvorgänge haben, andere aber nicht. Es liegt dann natürlich nahe, in der Psychologie den Akzent auf diese somatischen Vorgänge zu legen, in ihnen das eigentlich Psychische anzuerkennen und für die bewussten Vorgänge eine andere Würdigung zu suchen. Dagegen sträuben sich nun die meisten Philosophen sowie viele andere und erklären ein unbewusst Psychisches für einen Widersinn.

Gerade das ist es, was die Psychoanalyse tun muss und dies ist ihre zweite fundamentale Annahme. Sie erklärt die vorgeblichen somatischen Begleitvorgänge für das eigentliche Psychische, sieht dabei zunächst von der Qualität des Bewusstseins ab. Sie ist dabei nicht allein. Manche Denker wie z.B. *Th. Lipps* haben dasselbe in den nämlichen Worten geäussert, und das allgemeine Ungenügen an der gebräuchlichen Auffassung des Psychischen hat zur Folge gehabt, dass ein Begriff des Unbewussten immer dringlicher Aufnahme ins psychologische Denken verlangte, obwohl in so unbestimmter und unfassbarer Weise, dass er keinen Einfluss auf die Wissenschaft gewinnen konnte.

Nun scheint es sich in dieser Differenz zwischen der Psychoanalyse und der Philosophie nur um eine gleichgültige Frage der Definition zu handeln, ob man den Namen des Psychischen der einen oder anderen Reihe verleihen soll. In Wirklichkeit ist dieser Schritt höchst bedeutungsvoll geworden. Während man in der Bewusstseins-Psychologie nie über jene lückenhaften, offenbar von anderswo abhängigen Reihen hinauskam, hat die andere Auffassung, das Psychische sei an sich unbewusst, gestattet, die Psychologie zu einer Naturwissenschaft wie jede andere auszugestalten. Die Vorgänge, mit denen sie sich beschäftigt, sind an sich ebenso unerkennbar wie die anderer Wissenschaften, der chemischen oder physikalischen, aber es ist möglich die Gesetze festzustellen, denen sie gehorchen, ihre gegenseitigen Beziehungen und Abhängigkeiten über weite Strecken lückenlos zu verfolgen, also das, was man als Verständnis des betreffenden Gebiets von Naturerscheinungen bezeichnet. Es kann dabei nicht ohne neue Annahmen und die Schöpfung neuer Begriffe abgehen, aber diese sind nicht als Zeugnisse unserer Verlegenheit zu verachten, sondern als Bereicherungen der Wissenschaft einzuschätzen, haben Anspruch auf denselben Annäherungswert wie die entsprechenden intellektuellen Hilfskonstruktionen in anderen Naturwissenschaften, erwarten ihre Abänderungen, Berichtigungen und feinere Bestimmung durch gehäufte und gesiebte Erfahrung. Es entspricht dann auch ganz unserer Erwartung, dass die Grundbegriffe der neuen Wissenschaft, ihre Prinzipien (Trieb, nervöse Energie u.a.) auf längere Zeit so unbestimmt bleiben wie die der älteren Wissenschaften (Kraft, Masse, Anziehung).

Alle Wissenschaften ruhen auf Beobachtungen und Erfahrungen, die unser psychischer Apparat vermittelt. Da aber unsere Wissenschaft diesen Apparat selbst zum Objekt hat, findet hier die Analogie ein Ende. Wir machen unsere Beobachtungen mittels desselben Wahrnehmungsapparats, gerade mit Hilfe der Lücken im Psychischen, indem wir das Ausgelassene durch nahe liegende Schlussfolgerungen ergänzen und es in bewusstes Material übersetzen. Wir stellen so gleichsam eine bewusste Ergänzungsreihe zum unbewussten Psychischen her. Auf der Verbindlichkeit dieser Schlüsse ruht die relative Sicherheit unserer psychischen Wissenschaft. Wer sich in diese Arbeit vertieft, wird finden, dass unsere Technik jeder Kritik standhält.

Während dieser Arbeit drängen sich uns die Unterscheidungen auf, die wir als psychische Qualitäten bezeichnen. Was wir bewusst heissen, brauchen wir nicht zu charakterisieren, es ist das Nämliche wie das Bewusstsein der Philosophen und der Volksmeinung. Alles andere Psychische ist für uns das Unbewusste. Bald werden wir dazu geführt, in diesem Unbewussten eine wichtige Scheidung anzunehmen. Manche Vorgänge werden leicht bewusst, sind es dann nicht mehr, können es aber ohne Mühe wieder werden, wie man sagt, können reproduziert oder erinnert werden. Dabei werden wir daran gemahnt, dass das Bewusstsein überhaupt nur ein höchst flüchtiger Zustand ist. Was bewusst ist, ist es nur für einen Moment. Wenn unsere Wahrnehmungen dies nicht bestätigen, so ist das nur ein scheinbarer Widerspruch; er rührt daher, dass die Reize zur Wahrnehmung für längere Zeiten anhalten können, so dass die Wahrnehmung sich dabei wiederholen kann. Deutlich wird dieser ganze Sachverhalt an der bewussten Wahrnehmung unserer Denkvorgänge, die zwar auch anhalten, aber ebenso gut in einem Augenblick abgelaufen sein können. Alles Unbewusste, das sich so verhält, so leicht den unbewussten Zustand mit dem bewussten vertauschen kann, heissen wir darum lieber bewusstseinsfähig oder *vorbewusst*. Die Erfahrung hat uns gelehrt, dass es kaum einen psychischen Vorgang von noch so komplizierter Art gibt, der nicht gelegentlich vorbewusst bleiben könnte, wenngleich er in der Regel zum Bewusstsein vordringt, wie wir uns ausdrücken.

Andere psychische Vorgänge, Inhalte haben keinen so leichten Zugang zum Bewusstwerden, sondern müssen auf die beschriebene Weise erschlossen, erraten und in bewussten Ausdruck übersetzt werden. Für diese reservieren wir den Namen des eigentlich Unbewussten. Wir haben also den psychischen Vorgängen drei Qualitäten zugeschrieben, sie sind entweder bewusst, vorbewusst oder unbewusst. Die Scheidung zwischen den drei Klassen von Inhalten, welche diese Qualitäten tragen, ist weder eine absolute noch eine permanente. Das was vorbewusst ist, wird, wie wir sehen, ohne unser Zutun bewusst, das Unbewusste kann durch unsere Bemühung bewusst gemacht werden, wobei wir die Empfindung haben dürfen, dass wir oft sehr starke Widerstände überwinden. Wenn wir diesen Versuch bei einem anderen Individuum machen, dürfen wir nicht vergessen, dass die bewusste Ausfüllung seiner Wahrnehmungslücke, die Konstruktion die wir ihm geben, noch nicht bedeutet, dass wir den betreffenden unbewussten Inhalt bei ihm bewusst gemacht haben. Sondern dieser Inhalt ist zunächst bei ihm in zweifacher Fixierung vorhanden, einmal in der von ihm vernommenen bewussten Rekonstruktion und ausserdem in seinem ursprünglichen unbewussten Zustand. Unserer fortgesetzten Bemühung gelingt es dann zumeist, dass dies Unbewusste ihm selbst bewusst wird, wodurch die beiden Fixierungen zusammenfallen. Das Mass unserer Bemühung, nach dem wir den Widerstand gegen das Bewusstwerden schätzen, ist für die einzelnen Fälle verschieden gross.

Was z. B. bei der analytischen Behandlung der Erfolg unserer Bemühung ist, kann auch spontan geschehen, ein sonst unbewusster Inhalt kann sich in einen vorbewussten verwandeln und dann bewusst werden, wie es sich im grossen Umfang in psychotischen Zuständen ereignet. Wir schliessen daraus, dass die Aufrechterhaltung bestimmter innerer Widerstände eine Bedingung der Normalität ist. Regelmässig erfolgt ein solcher Nachlass der Widerstände mit daraus folgendem Vordringen von unbewusstem Inhalt im Schlafzustand, womit die Bedingung für die Traumbildung hergestellt ist. Umgekehrt kann vorbewusster Inhalt zeitweilig unzugänglich, durch Widerstände abgesperrt werden, wie es beim zeitweiligen Vergessen (Entfallen) der Fall ist, oder ein vorbewusster Gedanke kann selbst zeitweilig in den unbewussten Zustand zurückversetzt werden, was die Bedingung des Witzes zu sein scheint. Wir werden sehen, dass eine solche Rückverwandlung vorbewusster Inhalte (oder Vorgänge) in den unbewussten Zustand eine grosse Rolle in der Verursachung neurotischer Störungen spielt.

In dieser Allgemeinheit und Vereinfachung dargestellt scheint die Lehre von den drei Qualitäten des Psychischen eher eine Quelle unübersehbarer Verwirrung als ein Beitrag zur Aufklärung zu sein. Es ist aber nicht zu vergessen, dass sie eigentlich keine Theorie ist, sondern ein erster Rechenschaftsbericht über die Tatsachen unserer Beobachtungen, dass sie sich so nahe wie möglich an diese Tatsachen hält und sie nicht zu erklären versucht. Die Komplikationen, die sie aufdeckt, mögen die besonderen Schwierigkeiten, mit denen unsere Forschung zu kämpfen hat, begreiflich machen. Vermutlich wird aber auch diese Lehre uns näher gebracht werden, wenn wir den Beziehungen folgen, die sich zwischen den psychischen Qualitäten und den von uns angenommenen Provinzen oder Instanzen des psychischen Apparates ergeben. Allerdings sind auch diese Beziehungen nichts weniger als einfach.

Das Bewusstwerden ist vor allem geknüpft an die Wahrnehmungen, die unsere Sinnesorgane von der Aussenwelt gewinnen. Es ist also für die topische Betrachtung ein Phänomen, das sich in der äussersten Rindenschicht des Ichs zuträgt. Wir erhalten allerdings auch bewusste Nachrichten aus dem Körperinneren, die Gefühle, die sogar unser

Seelenleben gebieterischer beeinflussen als die äusseren Wahrnehmungen, und unter gewissen Umständen liefern auch die Sinnesorgane Gefühle, Schmerzempfindungen, ausser ihren spezifischen Wahrnehmungen. Da aber diese Empfindungen, wie sie zum Unterschied von bewussten Wahrnehmungen heissen, gleichfalls von den Endorganen ausgehen und wir alle diese als Verlängerung, Ausläufer der Rindenschicht auffassen, können wir obige Behauptung aufrecht halten. Der Unterschied wäre nur, dass für die Endorgane der Empfindungen und Gefühle der Körper selbst die Aussenwelt ersetzen würde.

Bewusste Vorgänge an der Peripherie des Ichs, alle anderen im Ich unbewusst, das wäre der einfachste Sachverhalt, den wir anzunehmen hätten. So mag es sich auch wirklich bei den Tieren verhalten, beim Menschen kommt eine Komplikation hinzu, durch welche auch innere Vorgänge im Ich die Qualität des Bewusstseins erwerben können. Dies ist das Werk der Sprachfunktion, die Inhalte des Ichs mit Erinnerungsresten der visuellen, besonders aber akustischen Wahrnehmungen in feste Verbindung bringt. Von da ab kann die wahrnehmende Peripherie der Rindenschicht in weit grösserem Umfang auch von innen her erregt werden, innere Vorgänge wie Vorstellungsabläufe und Denkvorgänge können bewusst werden, und es bedarf einer besonderen Vorrichtung, die zwischen beiden Möglichkeiten unterscheidet, der sogenannten *Realitätsprüfung*. Die Gleichstellung Wahrnehmung-Realität (Aussenwelt) ist hinfällig geworden. Irrtümer, die sich jetzt leicht ergeben, im Traum regelmässig, werden *Halluzinationen* genannt.

Das Innere des Ichs, das vor allem die Denkvorgänge umfasst, hat die Qualität des Vorbewussten. Diese ist für das Ich charakteristisch, kommt ihm allein zu. Es wäre aber nicht richtig, die Verbindung mit den Erinnerungsresten der Sprache zur Bedingung für den vorbewussten Zustand zu machen, dieser ist vielmehr unabhängig davon, wenngleich die Sprachbedingung einen sicheren Schluss auf die vorbewusste Natur des Vorganges gestattet. Der vorbewusste Zustand, einerseits durch seinen Zugang zum Bewusstsein, anderseits durch seine Verknüpfung mit den Sprachresten ausgezeichnet, ist doch etwas besonderes, dessen Natur durch diese beiden Charaktere nicht erschöpft ist. Der Beweis hiefür ist, dass grosse Anteile des Ichs, vor allem des Überichs, dem man den Charakter des Vorbewussten nicht bestreiten kann, doch zumeist unbewusst im phänomenologischen Sinne bleiben. Wir wissen nicht, warum dies so sein muss. Das Problem, welches die wirkliche Natur des Vorbewussten ist, werden wir später anzugreifen versuchen. Das Unbewusste ist die allein herrschende Qualität im Es. Es und Unbewusstes gehören ebenso innig zusammen wie Ich und Vorbewusstes, ja das Verhältnis ist hier noch ausschliesslicher. Ein Rückblick auf die Entwicklungsgeschichte der Person und ihres psychischen Apparates lässt uns eine bedeutsame Unterscheidung im Es feststellen. Ursprünglich war ja alles Es, das Ich ist durch den fortgesetzten Einfluss der Aussenwelt aus dem Es entwickelt worden. Während dieser langsamen Entwicklung sind gewisse Inhalte des Es in den vorbewussten Zustand gewandelt und so ins Ich aufgenommen worden. Andere sind unverändert im Es als dessen schwer zugänglicher Kern geblieben. Aber während dieser Entwicklung hat das junge und unkräftige Ich gewisse bereits aufgenommene Inhalte wieder in den unbewussten Zustand zurückversetzt, fallen gelassen und gegen manche neue Eindrücke, die es hätte aufnehmen können, sich ebenso verhalten, so dass diese, zurückgewiesen, nur im Es eine Spur hinterlassen konnten. Diesen letzteren Anteil des Es heissen wir mit Rücksicht auf seine Entstehung das Verdrängte. Es macht wenig aus, dass wir zwischen beiden Kategorien im Es nicht immer scharf unterscheiden können. Sie decken sich ungefähr mit der Sonderung in ursprünglich Mitgebrachtes und während der Ichentwicklung Erworbenes.

Wenn wir uns aber zur topischen Zerlegung des psychischen Apparates in Ich und Es, mit der die Unterscheidung der Qualität vorbewusst und unbewusst parallel läuft, entschlossen haben und diese Qualität nur als ein Anzeichen des Unterschieds, nicht als das Wesen desselben, gelten lassen, worin besteht dann die eigentliche Natur des Zustandes, der sich im Es durch die Qualität des Unbewussten, im Ich durch die des Vorbewussten verrät, und worin liegt der Unterschied zwischen beiden?

Nun, darüber wissen wir nichts und von dem tiefdunkeln Hintergrund dieser Unwissenheit heben sich unsere spärlichen Einsichten kläglich genug ab. Wir haben uns hier dem eigentlichen noch nicht enthüllten Geheimnis des Psychischen genähert. Wir nehmen an, wie wir von anderen Naturwissenschaften her gewohnt sind, dass im Seelenleben eine Art von Energie tätig ist, aber es fehlen uns alle Anhaltspunkte, uns ihrer Kenntnis durch Analogien mit anderen Energieformen zu nähern. Wir glauben zu erkennen, dass die nervöse oder psychische Energie in zwei Formen vorhanden ist, einer leicht beweglichen und einer eher gebundenen, sprechen von Besetzungen und Überbesetzungen der Inhalte und wagen selbst die Vermutung, dass eine „Überbesetzung" eine Art von Synthese verschiedener Vorgänge herstellt, bei der die freie Energie in gebundene umgesetzt wird. Weiter sind wir nicht gekommen, immerhin halten wir an der Meinung fest, dass auch der Unterschied des unbewussten von dem vorbewussten Zustand in solchen dynamischen Verhältnissen liegt, woraus sich ein Verständnis dafür ableiten würde, dass der eine spontan oder durch unsere Mitwirkung in den anderen übergeführt werden kann.

Hinter all diesen Unsicherheiten ruht aber eine neue Tatsache, deren Entdeckung wir der psychoanalytischen Forschung danken. Wir haben erfahren, dass die Vorgänge im Unbewussten oder im Es anderen Gesetzen gehorchen als die im vorbewussten Ich. Wir nennen diese Gesetze in ihrer Gesamtheit den *Primärvorgang* im Gegensatz zum *Sekundärvorgang*, der die Abläufe im Vorbewussten, im Ich, regelt. So hätte am Ende das Studium der psychischen Qualitäten sich doch nicht als unfruchtbar erwiesen.

5. KAPITEL

ERLÄUTERUNG AN DER TRAUMDEUTUNG

Die Untersuchung normaler, stabiler Zustände, in denen die Grenzen des Ichs gegen das Es durch Widerstände (Gegenbesetzungen) gesichert, unverrückt geblieben sind und das Überich nicht vom Ich unterschieden wird, weil beide einträchtig arbeiten, eine solche Untersuchung würde uns wenig Aufklärung bringen. Was uns fördern kann, sind allein Zustände von Konflikt und Aufruhr, wenn der Inhalt des unbewussten Es Aussicht hat, ins Ich und zum Bewusstsein einzudringen und das Ich sich gegen diesen Einbruch neuerlich zur Wehr setzt. Nur unter diesen Bedingungen können wir die Beobachtungen machen, die unsere Angaben über beide Partner bestätigen oder berichtigen. Ein solcher Zustand ist aber der nächtliche Schlaf, und darum ist auch die psychische Tätigkeit im Schlaf, die wir als Traum wahrnehmen, unser günstigstes Studienobjekt. Wir vermeiden dabei auch den oft gehörten Vorwurf, dass wir das normale Seelenleben nach pathologischen Befunden konstruieren, denn der Traum ist ein regelmässiges Vorkommnis im Leben normaler Menschen, soweit sich auch seine Charaktere von den Produktionen unseres Wachlebens unterscheiden mögen. Der Traum kann, wie allgemein bekannt, verworren, unverständlich, geradezu unsinnig sein, seine Angaben mögen all unserem Wissen von der Realität widersprechen, und wir benehmen uns wie Geisteskranke, indem wir, solange wir träumen, den Inhalten des Traumes objektive Realität zusprechen. Den Weg zum Verständnis („Deutung") des Traumes beschreiten wir, indem wir annehmen, dass das, was wir als Traum nach dem Erwachen erinnern, nicht der wirkliche Traumvorgang ist, sondern nur eine Fassade, hinter welcher sich dieser verbirgt. Dies ist unsere Unterscheidung eines *manifesten* Trauminhaltes und der *latenten* Traumgedanken. Den Vorgang, der aus den letzteren den ersteren hervorgehen liess, heissen wir die *Traumarbeit*. Das Studium der Traumarbeit lehrt uns an einem ausgezeichneten Beispiel, wie unbewusstes Material aus dem Es, ursprüngliches und verdrängtes, sich dem Ich aufdrängt, vorbewusst wird und durch das Sträuben des Ichs jene Veränderungen erfährt, die wir als die *Traumentstellung* kennen. Es gibt keinen Charakter des Traumes, der nicht auf diese Weise seine Aufklärung fände.

Wir beginnen am besten mit der Feststellung, dass es zweierlei Anlässe zur Traumbildung gibt. Entweder hat während des Schlafes eine sonst unterdrückte Triebregung (ein unbewusster Wunsch) die Stärke gefunden, sich im Ich geltend zu machen, oder es hat eine vom Wachleben erübrigte Strebung, ein vorbewusster Gedankengang mit allen ihm anhängenden Konfliktregungen im Schlaf eine Verstärkung durch ein unbewusstes Element gefunden. Also Träume vom Es her oder vom Ich her. Der Mechanismus der Traumbildung ist für beide Fälle der gleiche, auch die dynamische Bedingung ist dieselbe. Das Ich beweist seine spätere Entstehung aus dem Es dadurch, dass es zeitweise seine Funktionen einstellt und die Rückkehr zu einem früheren Zustand gestattet. Dies geschieht korrekter Weise, indem es seine Beziehungen mit der Aussenwelt abbricht, seine Besetzungen von den Sinnesorganen zurückzieht. Man kann mit Recht sagen, mit der Geburt ist ein Trieb entstanden, zum aufgegebenen Intrauterinleben zurückzukehren, ein Schlaftrieb. Der Schlaf ist eine solche Rückkehr in den Mutterleib. Da das wache Ich die Motilität beherrscht, wird diese Funktion im Schlafzustand gelähmt, und damit wird ein guter Teil der Hemmungen, die dem unbewussten Es auferlegt waren, überflüssig. Die Einziehung oder Herabsetzung dieser „Gegenbesetzungen" erlaubt nun dem Es ein jetzt unschädliches Mass von Freiheit. Die Beweise für den Anteil des unbewussten Es an der Traumbildung sind reichlich und von zwingender Natur. a) Das Traumgedächtnis ist weit umfassender als das Gedächtnis im Wachzustand. Der Traum bringt Erinnerungen, die der Träumer vergessen hat, die ihm im Wachen unzugänglich waren. b) Der Traum macht einen uneingeschränkten Gebrauch von sprachlichen Symbolen, deren Bedeutung der Träumer meist nicht kennt. Wir können aber ihren Sinn durch unsere Erfahrung bestätigen. Sie stammen wahrscheinlich aus früheren Phasen der Sprachentwicklung. c) Das Traumgedächtnis reproduziert sehr häufig Eindrücke aus der frühen Kindheit des Träumers, von denen wir mit Bestimmtheit behaupten können, nicht nur, dass sie vergessen, sondern dass sie durch Verdrängung unbewusst geworden waren. Darauf beruht die meist unentbehrliche Hilfe des Traumes bei der Rekonstruktion der Frühzeit des Träumers, die wir in der analytischen Behandlung der Neurosen versuchen. d) Darüber hinaus bringt der Traum Inhalte zum Vorschein, die weder aus dem reifen Leben noch aus der vergessenen Kindheit des Träumers stammen können. Wir sind genötigt, sie als Teil der *archaischen* Erbschaft anzusehen, die das Kind, durch das Erleben der Ahnen beeinflusst, vor jeder eigenen Erfahrung mit sich auf die Welt bringt. Die Gegenstücke zu diesem phylogenetischen Material finden wir dann in den ältesten Sagen der Menschheit und in ihren überlebenden Gebräuchen. Der Traum wird so eine nicht zu verachtende Quelle der menschlichen Vorgeschichte.

Was aber den Traum so unschätzbar für unsere Einsicht macht, ist der Umstand, dass das unbewusste Material, wenn es ins Ich eindringt, seine Arbeitsweisen mit sich bringt. Das will sagen, die vorbewussten Gedanken, in denen es seinen Ausdruck gefunden hat, werden im Laufe der Traumarbeit so behandelt, als ob sie unbewusste Anteile des Es wären, und im anderen Falle der Traumbildung werden die vorbewussten Gedanken, die sich die Verstärkung der unbewussten Triebregung geholt haben, zum unbewussten Zustand erniedrigt. Erst auf diesem Wege erfahren wir, welches die Gesetze des Ablaufes im Unbewussten sind und wodurch sie sich von den uns bekannten Regeln im

Wachdenken unterscheiden. Die Traumarbeit ist also im wesentlichen ein Fall von unbewusster Bearbeitung vorbewusster Gedankenvorgänge. Um ein Gleichnis aus der Historie heranzuziehen: Die einbrechenden Eroberer behandeln das eroberte Land nicht nach dem Recht, das sie darin vorfinden, sondern nach ihrem eigenen. Es ist aber unverkennbar, dass das Ergebnis der Traumarbeit ein Kompromiss ist. In der dem unbewussten Stoff aufgenötigten Entstellung und in den oft sehr unzulänglichen Versuchen, dem Ganzen eine dem Ich noch annehmbare Form zu geben (sekundäre Bearbeitung) ist der Einfluss der noch nicht gelähmten Ichorganisation zu erkennen. Das ist, im Gleichnis, der Ausdruck des anhaltenden Widerstandes der Unterworfenen.

Die Gesetze des Ablaufes im Unbewussten, die auf solche Art zum Vorschein kommen, sind sonderbar genug und ausreichend, das meiste, was uns am Traum fremdartig ist, zu erklären. Da ist vor allem eine auffällige Tendenz zur *Verdichtung*, eine Neigung, neue Einheiten zu bilden aus Elementen, die wir im Wachdenken gewiss auseinander gehalten hätten. Demzufolge vertritt oft ein einziges Element des manifesten Traumes eine ganze Anzahl von latenten Traumgedanken, als wäre es eine allen gemeinsame Anspielung, und ist überhaupt der Umfang des manifesten Traumes ausserordentlich verkürzt im Vergleich zu dem reichen Stoff, aus dem er hervorgegangen ist. Eine andere von der früheren nicht ganz unabhängige Eigentümlichkeit der Traumarbeit ist die Leichtigkeit der *Verschiebung* psychischer Intensitäten (Besetzungen) von einem Element auf ein anderes, so dass oft im manifesten Traum ein Element als das deutlichste und dementsprechend wichtigste erscheint, das in den Traumgedanken nebensächlich war, und umgekehrt wesentliche Elemente der Traumgedanken im manifesten Traum nur durch geringfügige Andeutungen vertreten werden. Ausserdem genügen der Traumarbeit meist recht unscheinbare Gemeinsamkeiten, um ein Element für alle weiteren Operationen durch ein anderes zu ersetzen. Man begreift leicht, wie sehr durch diese Mechanismen der Verdichtung und Verschiebung die Deutung des Traumes und die Aufdeckung der Beziehungen zwischen manifestem Traum und latenten Traumgedanken erschwert werden kann. Unsere Theorie zieht aus dem Nachweis dieser beiden Tendenzen zur Verdichtung und Verschiebung den Schluss, dass im unbewussten Es die Energie sich in einem Zustand freier Beweglichkeit befindet und dass es dem Es auf die Möglichkeit der Abfuhr für Erregungsquantitäten mehr ankommt als auf alles andere,[1] und sie verwendet beide Eigentümlichkeiten zur Charakteristik des dem Es zugeschriebenen Primärvorgangs.

Durch das Studium der Traumarbeit haben wir noch viele andere, ebenso merkwürdige wie wichtige Besonderheiten der Vorgänge im Unbewussten kennen gelernt, von denen nur wenige hier erwähnt werden sollen. Die entscheidenden Regeln der Logik haben im Unbewussten keine Geltung, man kann sagen, es ist das Reich der Unlogik. Strebungen mit entgegengesetzten Zielen bestehen im Unbewussten nebeneinander, ohne dass ein Bedürfnis nach deren Abgleichung sich regte. Entweder sie beeinflussen einander überhaupt nicht oder wenn, so kommt keine Entscheidung, sondern ein Kompromiss zustande, das unsinnig wird, weil es miteinander unverträgliche Einzelheiten einschliesst. Dem steht nahe, dass Gegensätze nicht auseinandergehalten, sondern wie identisch behandelt werden, so dass im manifesten Traum jedes Element auch sein Gegenteil bedeuten kann. Einige Sprachforscher haben erkannt, dass es in den ältesten Sprachen ebenso war und dass Gegensätze wie stark-schwach, hell-dunkel, hoch-tief ursprünglich durch dieselbe Wurzel ausgedrückt wurden, bis zwei verschiedene Modifikationen des Urwortes die beiden Bedeutungen von einander sonderten. Reste des ursprünglichen Doppelsinns sollen noch in einer so hoch entwickelten Sprache wie dem Lateinischen im Gebrauch von *altus* (hoch und tief), *sacer* (heilig und verrucht) u.a. erhalten sein.

Angesichts der Komplikation und der Vieldeutigkeit der Beziehungen zwischen manifestem Traum und dahinter liegendem latenten Inhalt ist man natürlich berechtigt zu fragen, auf welchem Weg man überhaupt dazu kommt, aus dem einen das andere abzuleiten, und ob

---

1) **Die** Analogie wäre, wie wenn der Unteroffizier, der eben einen **Verweis** vom Vorgesetzten stumm entgegengenommen hat, seiner Wut darüber an dem nächsten unschuldigen Gemeinen einen Ausweg schafft.

man dabei allein auf ein glückliches Erraten, etwa unterstützt durch die Übersetzung der im manifesten Traum erscheinenden Symbole, angewiesen ist. Man darf die Auskunft geben, diese Aufgabe ist in den allermeisten Fällen in befriedigender Weise lösbar, aber nur mit Hilfe der Assoziationen, die der Träumer selbst zu den Elementen des manifesten Inhaltes liefert. Jedes andere Verfahren ist willkürlich und ergibt keine Sicherheit. Die Assoziationen des Träumers aber bringen die Mittelglieder zum Vorschein, die wir in die Lücke zwischen beiden einfügen und mit deren Hilfe wir den latenten Inhalt des Traumes wiederherstellen, den Traum „deuten" können. Es ist nicht zu verwundern, wenn diese der Traumarbeit entgegengesetzte Deutungsarbeit gelegentlich nicht die volle Sicherheit erzielt.

Es erübrigt uns noch die dynamische Aufklärung zu geben, warum das schlafende Ich überhaupt die Aufgabe der Traumarbeit auf sich nimmt. Sie ist zum Glück leicht zu finden. Jeder in Bildung begriffene Traum erhebt mit Hilfe des Unbewussten einen Anspruch an das Ich auf Befriedigung eines Triebes, wenn er vom Es, — auf Lösung eines Konfliktes, Aufhebung eines Zweifels, Herstellung eines Vorsatzes, wenn er von einem Rest der vorbewussten Tätigkeit im Wachleben ausgeht. Das schlafende Ich ist aber auf den Wunsch den Schlaf festzuhalten eingestellt, empfindet diesen Anspruch als eine Störung und sucht diese Störung zu beseitigen. Dies gelingt dem Ich durch einen Akt scheinbarer Nachgiebigkeit, indem es dem Anspruch eine unter diesen Umständen harmlose *Wunscherfüllung* entgegensetzt und ihn so aufhebt. Diese Ersetzung des Anspruches durch Wunscherfüllung bleibt die wesentliche Leistung der Traumarbeit. Vielleicht ist es nicht überflüssig, dies an drei einfachen Beispielen zu erläutern, einem Hungertraum, einem Bequemlichkeitstraum und einem vom sexuellen Bedürfnis eingegebenen. Beim Träumer meldet sich im Schlaf ein Bedürfnis nach Nahrung, er träumt von einer herrlichen Mahlzeit und schläft weiter. Er hatte natürlich die Wahl aufzuwachen, um zu essen, oder den Schlaf fortzusetzen. Er hat sich für letzteres entschieden und den Hunger durch den Traum befriedigt. Wenigstens für eine Weile; hält der Hunger an, so wird er doch erwachen müssen. Der andere Fall:

der Schläfer soll erwachen, um zu bestimmter Zeit auf der Klinik zu sein. Er schläft aber weiter und träumt, dass er sich schon auf der Klinik befindet, als Patient allerdings, der sein Bett nicht verlassen braucht. Oder nächtlicher Weile regt sich die Sehnsucht nach dem Genuss eines verbotenen Sexualobjekts, der Frau eines Freundes. Er träumt vom Sexualverkehr, freilich nicht mit dieser Person, aber doch einer anderen, die denselben Namen trägt, wenngleich sie selbst ihm gleichgiltig ist. Oder sein Sträuben äussert sich darin, dass die Geliebte überhaupt anonym bleibt.

Natürlich liegen nicht alle Fälle so einfach; besonders in den Träumen, die von unerledigten Tagesresten ausgehen und sich im Schlafzustand nur eine unbewusste Verstärkung geholt haben, ist es oft nicht leicht, die unbewusste Triebkraft aufzudecken und deren Wunscherfüllung nachzuweisen, aber man darf annehmen, dass sie immer vorhanden ist. Der Satz, dass der Traum Wunscherfüllung ist, wird leicht auf Unglauben stossen, wenn man sich erinnert, wieviel Träume einen direkt peinlichen Inhalt haben oder selbst unter Angst zum Erwachen führen, ganz abgesehen von den so häufigen Träumen ohne bestimmten Gefühlston. Aber der Einwand des Angsttraumes hält der Analyse nicht stand. Man darf nicht vergessen, dass der Traum in allen Fällen das Ergebnis eines Konflikts, eine Art von Kompromissbildung ist. Was für das unbewusste Es eine Befriedigung ist, kann eben darum für das Ich ein Anlass zur Angst sein.

Wie die Traumarbeit vor sich geht, hat sich das eine Mal das Unbewusste besser durchgesetzt, das andere Mal das Ich energischer gewehrt. Die Angstträume sind meist diejenigen, deren Inhalt die geringste Entstellung erfahren hat. Wird der Anspruch des Unbewussten zu gross, so dass das schlafende Ich nicht imstande ist, ihn durch die verfügbaren Mittel abzuwehren, so gibt es den Schlafwunsch auf und kehrt ins wache Leben zurück. Man trägt allen Erfahrungen Rechnung, wenn man sagt, der Traum sei jedes Mal ein *Versuch*, die Schlafstörung durch Wunscherfüllung zu beseitigen, er sei also der Hüter des Schlafes. Dieser Versuch kann mehr oder weniger vollkommen gelingen, er kann auch misslingen und dann wacht der Schläfer auf, anscheinend durch eben diesen Traum geweckt. Auch dem braven Nachtwächter, der den Schlaf des Städtchens behüten soll, bleibt ja unter Umständen nichts übrig, als Lärm zu schlagen und die schlafenden Bürger zu wecken.

An den Schluss dieser Erörterungen setzen wir die Mitteilung, die unser langes Verweilen beim Problem der Traumdeutung rechtfertigen wird. Es hat sich ergeben, dass die unbewussten Mechanismen, die wir durch das Studium der Traumarbeit erkannt haben und die uns die Traumbildung erklärten, dass dieselben Mechanismen uns auch zum Verständnis der rätselhaften Symptombildungen verhelfen, durch die Neurosen und Psychosen unser Interesse herausfordern. Eine solche Übereinstimmung muss grosse Hoffnungen bei uns erwecken.

II. TEIL
DIE PRAKTISCHE AUFGABE

6. KAPITEL

DIE PSYCHOANALYTISCHE TECHNIK

Der Traum ist also eine Psychose, mit allen Ungereimtheiten, Wahnbildungen, Sinnestäuschungen einer solchen. Eine Psychose zwar von kurzer Dauer, harmlos, selbst mit einer nützlichen Funktion betraut, von der Zustimmung der Person eingeleitet, durch einen Willensakt von ihr beendet. Aber doch eine Psychose und wir lernen an ihr, dass selbst eine so tief gehende Veränderung des Seelenlebens rückgängig werden, der normalen Funktion Raum geben kann. Ist es dann kühn zu hoffen, dass es möglich sein müsste, auch die gefürchteten spontanen Erkrankungen des Seelenlebens unserem Einfluss zu unterwerfen und sie zur Heilung zu bringen?

Wir wissen schon manches zur Vorbereitung für diese Unternehmung. Nach unserer Voraussetzung hat das Ich die Aufgabe, den Ansprüchen seiner drei Abhängigkeiten von der Realität, dem Es und dem Überich zu genügen und dabei doch seine Organisation aufrecht zu halten, seine Selbständigkeit zu behaupten. Die Bedingung der in Rede stehenden Krankheitszustände kann nur eine relative oder absolute Schwächung des Ichs sein, die ihm die Erfüllung seiner Aufgaben unmöglich macht. Die schwerste Anforderung an das Ich ist wahrscheinlich die Niederhaltung der Triebansprüche des Es, wofür es grosse Aufwände an Gegenbesetzungen zu unterhalten hat. Es kann aber auch der Anspruch des Überichs so stark und so unerbittlich werden, dass das Ich seinen anderen Aufgaben wie gelähmt gegenüber steht. Wir ahnen, in den ökonomischen Konflikten, die sich hier ergeben, machen Es und Überich oft gemeinsame Sache gegen das bedrängte Ich, das sich zur Erhaltung seiner Norm an die Realität anklammern will. Werden die beiden ersteren zu stark, so gelingt es ihnen, die Organisation des Ichs aufzulockern und zu verändern, so dass seine richtige Beziehung zur Realität gestört oder selbst aufgehoben wird. Wir haben es am Traum gesehen; wenn sich das Ich von der Realität der Aussenwelt ablöst, verfällt es unter dem Einfluss der Innenwelt in die Psychose.

Auf diese Einsichten gründen wir unseren Heilungsplan. Das Ich ist durch den inneren Konflikt geschwächt, wir müssen ihm zur Hilfe kommen. Es ist wie in einem Bürgerkrieg, der durch den Beistand eines Bundesgenossen von aussen entschieden werden soll. Der analytische Arzt und das geschwächte Ich des Kranken sollen, an die reale Aussenwelt angelehnt, eine Partei bilden gegen die Feinde, die Triebansprüche des Es und die Gewissensansprüche des Überichs. Wir schliessen einen Vertrag miteinander. Das kranke Ich verspricht uns vollste Aufrichtigkeit, d.h. die Verfügung über allen Stoff, den ihm seine Selbstwahrnehmung liefert, wir sichern ihm strengste Diskretion zu und stellen unsere Erfahrung in der Deutung des vom Unbewussten beeinflussten Materials in seinen Dienst. Unser Wissen soll sein Unwissen gutmachen, soll seinem Ich die Herrschaft über verlorene Bezirke des Seelenlebens wiedergeben. In diesem Vertrag besteht die analytische Situation.

Schon nach diesem Schritt erwartet uns die erste Enttäuschung, die erste Mahnung zur Bescheidenheit. Soll das Ich des Kranken ein wertvoller Bundesgenosse bei unserer gemeinsamen Arbeit sein, so muss es sich trotz aller Bedrängnis durch die ihm feindlichen Mächte ein gewisses Mass von Zusammenhalt, ein Stück Einsicht für die Anforderungen der Wirklichkeit bewahrt haben. Aber das ist vom Ich des Psychotikers nicht zu erwarten, dieses kann einen solchen Vertrag nicht einhalten, ja kaum ihn eingehen. Es wird sehr bald unsere Person und die Hilfe, die wir ihm anbieten, zu den Anteilen der Aussenwelt geworfen haben, die ihm nichts mehr bedeuten. Somit erkennen wir, dass wir darauf verzichten müssen, unseren Heilungsplan beim Psychotiker zu versuchen. Vielleicht für immer verzichten, vielleicht nur zeitweilig, bis wir einen anderen, für ihn tauglicheren Plan gefunden haben.

Es gibt aber eine andere Klasse von psychisch Kranken, die den Psychotikern offenbar sehr nahe stehen, die ungeheure Anzahl der schwer leidenden Neurotiker. Die Krankheitsbedingungen wie die pathogenen Mechanismen müssen bei ihnen dieselben sein oder wenigstens sehr ähnlich. Aber ihr Ich hat sich widerstandsfähiger gezeigt, ist weniger desorganisiert worden. Viele von ihnen konnten sich trotz all ihrer Beschwerden und der von ihnen verursachten Unzulänglichkeiten noch im realen Leben behaupten. Diese Neurotiker mögen sich bereit zeigen, unsere Hilfe anzunehmen. Wir wollen unser Interesse auf sie beschränken und versuchen, wie weit und auf welchen Wegen wir sie „heilen" können.

Mit den Neurotikern schliessen wir also den Vertrag: volle Aufrichtigkeit gegen strenge Diskretion. Das macht den Eindruck, als strebten wir nur die Stellung eines weltlichen Beichtvaters an. Aber der Unterschied ist gross, denn wir wollen von ihm nicht nur hören, was er weiss und vor anderen verbirgt, sondern er soll uns auch erzählen, was er nicht weiss. In dieser Absicht geben wir ihm eine nähere Bestimmung dessen, was wir unter Aufrichtigkeit verstehen. Wir verpflichten ihn auf die analytische *Grundregel*, die künftighin sein Verhalten gegen uns beherrschen soll. Er soll uns nicht nur mitteilen, was er absichtlich und gern sagt, was ihm wie in einer Beichte Erleichterung bringt, sondern auch alles andere, was ihm seine Selbstbeobachtung liefert, alles was ihm in den Sinn kommt, auch wenn es ihm *unangenehm* zu sagen ist, auch wenn es ihm *unwichtig* oder sogar *unsinnig* erscheint. Gelingt es ihm, nach dieser Anweisung seine Selbstkritik auszuschalten, so liefert er uns eine Fülle von Material, Gedanken, Einfällen, Erinnerungen, die bereits unter dem Einfluss des Unbewussten stehen, oft direkte Abkömmlinge desselben sind und die uns also in den Stand setzen, das bei ihm verdrängte Unbewusste zu erraten und durch unsere Mitteilung die Kenntnis seines Ichs von seinem Unbewussten zu erweitern.

Aber weit entfernt davon, dass die Rolle seines Ichs sich darauf beschränken würde, in passivem Gehorsam uns das verlangte Material zu bringen und unsere Übersetzung desselben gläubig hinzunehmen. Es ereignet sich manches andere, einiges was wir voraussehen durften, anderes was uns überraschen muss. Das Merkwürdigste ist, dass der Patient nicht dabei bleibt, den Analytiker im Lichte der Realität zu betrachten als den Helfer und Berater, den man überdies für seine Mühewaltung entlohnt und der sich selbst gern mit der Rolle etwa eines Bergführers auf einer schwierigen Gebirgstour begnügen würde, sondern dass er in ihm eine Wiederkehr — Reinkarnation — einer wichtigen Person aus seiner Kindheit, Vergangenheit erblickt und darum Gefühle und Reaktionen auf ihn überträgt, die sicherlich diesem Vorbild gegolten haben. Diese Tatsache der Übertragung erweist sich bald als ein Moment von ungeahnter Bedeutung, einerseits ein Hilfsmittel von unersetzlichem Wert, anderseits eine Quelle ernster Gefahren. Diese Übertragung ist *ambivalent*, sie umfasst positive, zärtliche, wie negative, feindselige Einstellungen gegen den Analytiker, der in der Regel an die Stelle eines Elternteils, des Vaters oder der Mutter, gesetzt wird. Solange sie positiv ist, leistet sie uns die besten Dienste. Sie verändert die ganze analytische Situation, drängt die rationelle Absicht, gesund und leidensfrei zu werden, zur Seite. An ihre Stelle tritt die Absicht, dem Analytiker zu gefallen, seinen Beifall, seine Liebe zu gewinnen. Sie wird die eigentliche Triebfeder der Mitarbeit des Patienten, das schwache Ich wird stark, unter ihrem Einfluss bringt er Leistungen zustande, die ihm sonst unmöglich wären, stellt seine Symptome ein, wird anscheinend gesund, nur dem Analytiker zu Liebe. Der Analytiker mag sich beschämt eingestehen, dass er eine schwierige Unternehmung begonnen, ohne zu ahnen, welch ausserordentliche Machtmittel sich ihm zur Verfügung stellen würden.

Das Verhältnis der Übertragung bringt ausserdem noch zwei andere Vorteile mit sich. Setzt der Patient den Analytiker an die Stelle seines Vaters (seiner Mutter), so räumt er ihm auch die Macht ein, die sein Überich über sein Ich ausübt, denn diese Eltern sind ja der Ursprung des Überichs gewesen. Das neue Überich hat nun Gelegenheit zu einer

Art von *Nacherziehung* des Neurotikers, es kann Missgriffe korrigieren, die sich die Eltern in ihrer Erziehung zu Schulden kommen liessen. Hier setzt allerdings die Warnung ein, den neuen Einfluss nicht zu missbrauchen. So sehr es den Analytiker verlocken mag, Lehrer, Vorbild und Ideal für andere zu werden, Menschen nach seinem Vorbild zu schaffen, er darf nicht vergessen, dass dies nicht seine Aufgabe im analytischen Verhältnis ist, ja dass er seiner Aufgabe untreu wird, wenn er sich von seiner Neigung fortreissen lässt. Er wiederholt dann nur einen Fehler der Eltern, die die Unabhängigkeit des Kindes durch ihren Einfluss erdrückt hatten, ersetzt nur die frühere Abhängigkeit durch eine neuere. Der Analytiker soll aber bei allen Bemühungen zu bessern und zu erziehen die Eigenart des Patienten respektieren. Das Mass von Beeinflussung, dessen er sich legitimer Weise getraut, wird durch den Grad der Entwicklungshemmung bestimmt werden, den er bei dem Patienten vorfindet. Manche Neurotiker sind so infantil geblieben, dass sie auch in der Analyse nur wie Kinder behandelt werden können.

Ein anderer Vorteil der Übertragung ist noch, dass der Patient uns in ihr mit plastischer Deutlichkeit ein wichtiges Stück seiner Lebensgeschichte vorführt, über das er uns wahrscheinlich sonst nur ungenügende Auskunft gegeben hätte. Er agiert gleichsam vor uns, anstatt uns zu berichten.

Und nun zur anderen Seite des Verhältnisses. Da die Übertragung die Beziehung zu den Eltern reproduziert, übernimmt sie auch deren Ambivalenz. Es ist kaum zu vermeiden, dass die positive Einstellung zum Analytiker eines Tages in die negative, feindselige umschlägt. Auch diese ist gewöhnlich eine Wiederholung der Vergangenheit. Die Gefügigkeit gegen den Vater (wenn es sich um ihn handelte), das Werben um seine Gunst wurzelte in einem erotischen auf seine Person gerichteten Wunsch. Irgendeinmal drängt sich dieser Anspruch auch in der Übertragung hervor und besteht auf Befriedigung. Er kann in der analytischen Situation nur auf Versagung stossen. Reale sexuelle Beziehungen zwischen Patienten und Analytiker sind ausgeschlossen, auch die feineren Weisen der Befriedigung wie Bevorzugung, Intimität usw. werden vom Analytiker nur in spärlichem Ausmass gewährt. Solche Verschmähung wird zum Anlass der Umwandlung genommen, wahrscheinlich ging dasselbe in der Kindheit des Patienten vor sich. Die Heilerfolge, die unter der Herrschaft der positiven Übertragung zustande kamen, stehen im Verdacht *suggestiver* Natur zu sein. Gewinnt die negative Übertragung die Oberhand, so werden sie wie Spreu vor dem Wind hinweggeweht. Man merkt mit Schrecken, dass alle Mühe und Arbeit bisher vergeblich war. Ja, auch was man für einen bleibenden intellektuellen Gewinn des Patienten halten durfte, sein Verständnis für die Psychoanalyse, sein Vertrauen in deren Wirksamkeit, sind plötzlich verschwunden. Er benimmt sich wie das Kind, das kein eigenes Urteil hat, das blind dem glaubt, dem seine Liebe gehört, und keinem Fremden. Offenbar besteht die Gefahr dieser Übertragungszustände darin, dass der Patient ihre Natur verkennt und sie für neue reale Erlebnisse hält anstatt für Spiegelungen der Vergangenheit. Verspürt er (oder sie) das starke erotische Bedürfnis, das sich hinter der positiven Übertragung birgt, so glaubt er, sich leidenschaftlich verliebt zu haben; schlägt die Übertragung um, so hält er sich für beleidigt und vernachlässigt, hasst den Analytiker als seinen Feind und ist bereit, die Analyse aufzugeben. In beiden extremen Fällen hat er den Vertrag vergessen, den er zu Eingang der Behandlung angenommen hatte, ist er für die Fortsetzung der gemeinsamen Arbeit unbrauchbar geworden. Der Analytiker hat die Aufgabe, den Patienten jedesmal aus der gefahrdrohenden Illusion zu reissen, ihm immer wieder zu zeigen, dass es eine Spiegelung der Vergangenheit ist, was er für ein neues reales Leben hält. Und damit er nicht in einen Zustand gerate, der ihn unzugänglich für alle Beweismittel macht, sorgt man dafür, dass weder die Verliebtheit noch die Feindseligkeit eine extreme Höhe erreichen. Man tut dies, indem man ihn frühzeitig auf diese Möglichkeiten vorbereitet und deren erste Anzeichen nicht unbeachtet lässt. Solche Sorgfalt in der Handhabung der Übertragung pflegt sich reichlich zu lohnen. Gelingt es, wie zumeist, den Patienten über die wirkliche Natur der Übertragungsphänomene zu belehren, so hat man seinem Widerstand eine mächtige Waffe aus der Hand geschlagen,

Gefahren in Gewinne verwandelt, denn was der Patient in den Formen der Übertragung erlebt hat, das vergisst er nicht wieder, das hat für ihn stärkere Überzeugungskraft als alles auf andere Art Erworbene.

Es ist uns sehr unerwünscht, wenn der Patient ausserhalb der Übertragung *agiert* anstatt zu erinnern; das für unsere Zwecke ideale Verhalten wäre, wenn er sich ausserhalb der Behandlung möglichst normal benähme und seine abnormen Reaktionen nur in der Übertragung äusserte.

Unser Weg, das geschwächte Ich zu stärken, geht von der Erweiterung seiner Selbsterkenntnis aus. Wir wissen, dies ist nicht alles, aber es ist der erste Schritt. Der Verlust an solcher Kenntnis bedeutet für das Ich Einbusse an Macht und Einfluss, er ist das nächste greifbare Anzeichen dafür, dass es von den Anforderungen des Es und des Überichs eingeengt und behindert ist. Somit ist das erste Stück unserer Hilfeleistung eine intellektuelle Arbeit von unserer Seite und eine Aufforderung zur Mitarbeit daran für den Patienten. Wir wissen, diese erste Tätigkeit soll uns den Weg bahnen zu einer anderen, schwierigeren Aufgabe. Wir werden den dynamischen Anteil derselben auch während der Einleitung nicht aus den Augen verlieren. Den Stoff für unsere Arbeit gewinnen wir aus verschiedenen Quellen, aus dem, was uns seine Mitteilungen und freien Assoziationen andeuten, was er uns in seinen Übertragungen zeigt, was wir aus der Deutung seiner Träume entnehmen, was er durch seine *Fehlleistungen* verrät. All das Material verhilft uns zu Konstruktionen über das, was mit ihm vorgegangen ist und was er vergessen hat, wie über das, was jetzt in ihm vorgeht, ohne dass er es versteht. Wir versäumen dabei aber nie, unser Wissen und sein Wissen strenge auseinander zu halten. Wir vermeiden es, ihm, was wir oft sehr frühzeitig erraten haben, sofort mitzuteilen oder ihm alles mitzuteilen, was wir glauben erraten zu haben. Wir überlegen uns sorgfältig, wann wir ihn zum Mitwisser einer unserer Konstruktionen machen sollen, warten einen Moment ab, der uns der Geeignete zu sein scheint, was nicht immer leicht zu entscheiden ist. In der Regel verzögern wir die Mitteilung einer Konstruktion, die Aufklärung, bis er sich selbst derselben so weit genähert hat, dass ihm nur ein Schritt, allerdings die entscheidende Synthese, zu tun übrig bleibt. Würden wir anders verfahren, ihn mit unseren Deutungen überfallen, ehe er für sie vorbereitet ist, so bliebe die Mitteilung entweder erfolglos oder sie würde einen heftigen Ausbruch von *Widerstand* hervorrufen, der die Forsetzung der Arbeit erschweren oder selbst in Frage stellen könnte. Haben wir aber alles richtig vorbereitet, so erreichen wir oft, dass der Patient unsere Konstruktion unmittelbar bestätigt und den vergessenen inneren oder äusseren Vorgang selbst erinnert. Je genauer sich die Konstruktion mit den Einzelheiten des Vergessenen deckt, desto leichter wird ihm seine Zustimmung. Unser Wissen in diesem Stück ist dann auch sein Wissen geworden.

Mit der Erwähnung des Widerstandes sind wir an den zweiten wichtigeren Teil unserer Aufgabe herangekommen. Wir haben schon gehört, dass sich das Ich gegen das Eindringen unerwünschter Elemente aus dem unbewussten und verdrängten Es durch Gegenbesetzungen schützt, deren Intaktheit eine Bedingung seiner normalen Funktion ist. Je bedrängter sich das Ich nun fühlt, desto krampfhafter beharrt es, gleichsam verängstigt, auf diesen Gegenbesetzungen, um seinen Restbestand vor weiteren Einbrüchen zu beschützen. Diese defensive Tendenz stimmt aber durchaus nicht zu den Absichten unserer Behandlung. Wir wollen im Gegenteil, dass das Ich, durch die Sicherheit unserer Hilfe kühn geworden, den Angriff wage, um das Verlorene wieder zu erobern. Dabei bekommen wir nun die Stärke dieser Gegenbesetzungen als *Widerstände* gegen unsere Arbeit zu spüren. Das Ich schreckt vor solchen Unternehmungen zurück, die gefährlich scheinen und mit Unlust drohen, es muss beständig angeeifert und beschwichtigt werden, um sich uns nicht zu verweigern. Diesen Widerstand, der die ganze Behandlung über anhält und sich bei jedem neuen Stück der Arbeit erneuert, heissen wir, nicht ganz korrekt, den *Verdrängungswiderstand*. Wir werden hören, dass es nicht der einzige ist, der uns bevorsteht. Es ist interessant, dass sich in dieser Situation die Parteibildung gewissermassen umkehrt, denn das Ich sträubt sich gegen unsere Anregung, das Unbewusste aber, sonst unser Gegner, leistet uns Hilfe, denn es hat einen natürlichen „Auftrieb", es verlangt nichts so sehr, als über die ihm gesetzten Grenzen ins Ich und bis zum Bewusstsein vorzudringen. Der Kampf, der sich entspinnt, wenn wir unsere Absicht erreichen und das Ich zur Überwindung seiner Widerstände bewegen können, vollzieht sich unter unserer Leitung und mit unserer Hilfeleistung. Es ist gleichgiltig, welchen Ausgang er nimmt, ob er dazu führt, dass das Ich einen bisher zurückgewiesenen Triebanspruch nach neuerlicher Prüfung annimmt, oder ob es ihn wiederum, diesmal endgültig, verwirft. In beiden Fällen ist eine dauernde Gefahr beseitigt, der Umfang des Ichs erweitert und ein kostspieliger Aufwand überflüssig gemacht worden.

Die Überwindung der Widerstände ist der Teil unserer Arbeit, der die meiste Zeit und die grösste Mühe in Anspruch nimmt. Er lohnt sich aber auch, denn er bringt eine vorteilhafte Ichveränderung zustande, die sich unabhängig vom Erfolg der Übertragung erhalten und im Leben bewähren wird. Gleichzeitig haben wir auch an der Beseitigung jener Ichveränderung gearbeitet, die sich unter dem Einfluss des Unbewussten hergestellt hatte, denn wann immer wir solche Abkömmlinge desselben im Ich nachweisen konnten, haben wir ihre illegitime Herkunft aufgezeigt und das Ich zu ihrer Verwerfung angeregt. Wir erinnern uns, es war eine der Vorbedingungen unserer vertragsmässigen Hilfeleistung, dass eine solche Ichveränderung durch das Eindringen unbewusster Elemente ein gewisses Ausmass nicht überstiegen habe.

Je weiter unsere Arbeit fortschreitet und je tiefer sich unsere Einsicht in das Seelenleben des Neurotikers gestaltet, desto deutlicher drängt sich uns die Kenntnis zweier neuer Momente auf, die als Quellen des Widerstandes die grösste Beachtung fordern. Beide sind dem Kranken völlig unbekannt, beide konnten beim Abschluss unseres Vertrages nicht berücksichtigt werden; sie gehen auch nicht vom Ich des Patienten aus. Man kann sie unter dem gemeinsamen Namen: Krankheits- oder Leidensbedürfnis zusammenfassen, aber sie sind verschiedener Herkunft, wenn auch sonst verwandter Natur. Das erste dieser beiden Momente ist das Schuldgefühl oder Schuldbewusstsein, wie es mit Hinwegsetzung über die Tatsache genannt wird, dass der Kranke es nicht verspürt und nicht erkennt. Es ist offenbar der Beitrag zum

Widerstand, den ein besonders hart und grausam gewordenes Überich leistet. Das Individuum soll nicht gesund werden, sondern krank bleiben, denn es verdient nichts besseres. Dieser Widerstand stört eigentlich unsere intellektuelle Arbeit nicht, aber er macht sie unwirksam, ja er gestattet oft, dass wir eine Form des neurotischen Leidens aufheben, ist aber sofort bereit, sie durch eine andere, eventuell durch eine somatische Erkrankung zu ersetzen. Dieses Schuldbewusstsein erklärt auch die gelegentlich beobachtete Heilung oder Besserung schwerer Neurosen durch reale Unglücksfälle; es kommt nämlich nur darauf an, dass man elend sei, gleichgiltig in welcher Weise. Die klaglose Ergebenheit, mit der solche Personen oft ihr schweres Schicksal ertragen ist sehr merkwürdig, aber auch verräterisch. In der Abwehr dieses Widerstandes müssen wir uns auf das Bewusstmachen desselben und auf den Versuch zum langsamen Abbau des feindseligen Überichs beschränken.

Weniger leicht ist es, die Existenz eines anderen Widerstandes zu erweisen, in dessen Bekämpfung wir uns besonders unzulänglich finden. Es gibt unter den Neurotikern Personen, bei denen, nach all ihren Reaktionen zu urteilen, der Trieb zur Selbsterhaltung geradezu eine Verkehrung erfahren hat. Sie scheinen auf nichts anderes als auf Selbstschädigung und Selbstzerstörung auszugehen. Vielleicht gehören auch die Personen, welche am Ende wirklich Selbstmord begehen, zu dieser Gruppe. Wir nehmen an, dass bei ihnen weitgehende Triebentmischungen stattgefunden haben, in deren Folge übergrosse Quantitäten des nach innen gewendeten Destruktionstriebs frei geworden sind. Solche Patienten können die Herstellung durch unsere Behandlung nicht erträglich finden, sie widerstreben ihr mit allen Mitteln. Aber wir gestehen es zu, dies ist ein Fall, dessen Aufklärung uns noch nicht ganz geglückt ist.

Überblicken wir jetzt nochmals die Situation, in die wir uns mit unserem Versuch, dem neurotischen Ich Hilfe zu bringen, begeben haben. Dieses Ich kann die Aufgabe, welche ihm die Aussenwelt einschliesslich der menschlichen Gesellschaft stellt, nicht mehr erfüllen. Es verfügt nicht über all seine Erfahrungen, ein grosser Teil seines

Erinnerungsschatzes ist ihm abhanden gekommen. Seine Aktivität wird durch strenge Verbote des Überichs gehemmt, seine Energie verzehrt sich in vergeblichen Versuchen zur Abwehr der Ansprüche des Es. Überdies ist es infolge der fortgesetzten Einbrüche des Es in seiner Organisation geschädigt, in sich gespalten, bringt keine ordentliche Synthese mehr zustande, wird von einander widerstrebenden Strebungen, unerledigten Konflikten, ungelösten Zweifeln zerrissen. Wir lassen dies geschwächte Ich des Patienten zunächst an der rein intellektuellen Deutungsarbeit teilnehmen, die eine provisorische Ausfüllung der Lücken in seinem seelischen Besitz anstrebt, lassen uns die Autorität seines Überichs übertragen, feuern es an, den Kampf um jeden einzelnen Anspruch des Es aufzunehmen und die Widerstände zu besiegen, die sich dabei ergeben. Gleichzeitig stellen wir die Ordnung in seinem Ich wieder her, indem wir die aus dem Unbewussten eingedrungenen Inhalte und Strebungen aufspüren und durch Rückführung auf ihren Ursprung der Kritik blosstellen. Wir dienen dem Patienten in verschiedenen Funktionen als Autorität und Elternersatz, als Lehrer und Erzieher, das Beste haben wir für ihn getan, wenn wir als Analytiker die psychischen Vorgänge in seinem Ich aufs normale Niveau heben, unbewusst Gewordenes und Verdrängtes in Vorbewusstes verwandeln und damit dem Ich wieder zu eigen geben. Auf der Seite des Patienten wirken für uns einige rationelle Momente wie das durch sein Leiden motivierte Bedürfnis nach Genesung und das intellektuelle Interesse, das wir bei ihm für die Lehren und Enthüllungen der Psychoanalyse wecken konnten, mit weit stärkeren Kräften aber die positive Übertragung, mit der er uns entgegen kommt. Auf der anderen Seite streiten gegen uns die negative Übertragung, der Verdrängungswiderstand des Ichs, d.h. seine Unlust, sich der ihm aufgetragenen schweren Arbeit auszusetzen, das Schuldgefühl aus dem Verhältnis zum Überich und das Krankheitsbedürfnis aus tiefgreifenden Veränderungen seiner Triebökonomie. Von dem Anteil der beiden letzteren Faktoren hängt es ab, ob wir seinen Fall einen leichten oder schweren nennen werden. Unabhängig von diesen lassen sich einige andere Momente erkennen, die als günstig oder ungünstig in Betracht kommen. Eine gewisse psychische

Trägheit, eine Schwerbeweglichkeit der Libido, die ihre Fixierungen nicht verlassen will, kann uns nicht willkommen sein; die Fähigkeit der Person zur Triebsublimierung spielt eine grosse Rolle und ebenso ihre Fähigkeit zur Erhebung über das grobe Triebleben sowie die relative Macht ihrer intellektuellen Funktionen.

Wir sind nicht enttäuscht, sondern finden es durchaus begreiflich, wenn wir zum Schluss kommen, dass der Endausgang des Kampfes, den wir aufgenommen haben, von quantitativen Relationen abhängt, von dem Energiebetrag, den wir zu unseren Gunsten beim Patienten mobilisieren können, im Vergleich zur Summe der Energien der Mächte, die gegen uns wirken. Gott ist hier wieder einmal mit den stärkeren Bataillonen — gewiss erreichen wir nicht immer zu siegen, aber wenigstens können wir meistens erkennen, warum wir nicht gesiegt haben. Wer unseren Ausführungen nur aus therapeutischem Interesse gefolgt ist, wird sich vielleicht nach diesem Eingeständnis geringschätzig abwenden. Aber uns beschäftigt die Therapie hier nur insoweit sie mit psychologischen Mitteln arbeitet, derzeit haben wir keine anderen. Die Zukunft mag uns lehren, mit besonderen chemischen Stoffen die Energiemengen und deren Verteilungen im seelischen Apparat direkt zu beeinflussen. Vielleicht ergeben sich noch ungeahnte andere Möglichkeiten der Therapie; vorläufig steht uns nichts besseres zu Gebote als die psychoanalytische Technik und darum sollte man sie trotz ihrer Beschränkungen nicht verachten.

7. KAPITEL
EINE PROBE PSYCHOANALYTISCHER ARBEIT

Wir haben uns eine allgemeine Kenntnis des psychischen Apparates verschafft, der Teile, Organe, Instanzen, aus denen er zusammengesetzt ist, der Kräfte, die in ihm wirken, der Funktionen, mit denen seine Teile betraut sind. Die Neurosen und Psychosen sind die Zustände, in denen sich die Funktionsstörungen des Apparates Ausdruck verschaffen. Zu unseren Studienobjekten haben wir die Neurosen gewählt, weil sie allein den psychologischen Methoden unserer Eingriffe zugänglich erscheinen. Während wir uns bemühen, sie zu beeinflussen, sammeln wir die Beobachtungen, die uns ein Bild von ihrer Herkunft und der Weise ihrer Entstehung geben.

Eines unserer Hauptergebnisse wollen wir unserer Darstellung voranschicken. Die Neurosen haben nicht wie z.b. die Infektionskrankheiten spezifische Krankheitsursachen. Es wäre müssig, bei ihnen nach Krankheitserregern zu suchen. Sie sind durch fliessende Übergänge mit der sogenannten Norm verbunden und anderseits gibt es kaum einen als normal anerkannten Zustand, in dem nicht Andeutungen neurotischer Züge nachweisbar wären. Die Neurotiker bringen ungefähr die gleichen Anlagen mit wie andere Menschen, sie erleben das nämliche, sie haben keine anderen Aufgaben zu erledigen. Warum also leben sie um soviel schlechter und schwieriger und leiden dabei an mehr Unlustempfindungen, Angst und Schmerzen?

Die Antwort auf diese Frage brauchen wir nicht schuldig zu bleiben.

Es sind quantitative *Disharmonien,* die für die Unzulänglichkeit und für die Leiden der Neurotiker verantwortlich zu machen sind. Die Verursachung aller Gestaltungen des menschlichen Seelenlebens ist ja in der Wechselwirkung von mitgebrachten Dispositionen und akzidentellen Erlebnissen zu suchen. Nun mag ein bestimmter Trieb zu stark oder zu schwach angelegt sein, eine bestimmte Fähigkeit verkümmert oder im Leben nicht genügend ausgebildet, — anderseits können die äusseren Eindrücke und Erlebnisse verschieden starke Anforderungen an die einzelnen Menschen stellen, und was die Konstitution des einen noch bewältigen kann, mag für den anderen eine allzuschwere Aufgabe sein. Diese quantitativen Differenzen werden die Verschiedenheit des Ausgangs bedingen.

Wir werden uns aber sehr bald sagen, diese Erklärung sei nicht befriedigend. Sie ist zu allgemein, sie erklärt zuviel. Die angegebene Ätiologie gilt für alle Fälle von seelischem Leid, Elend und Lähmung, aber nicht alle solchen Zustände können neurotisch genannt werden. Die Neurosen haben spezifische Charaktere, sie sind ein Elend besonderer Art. So werden wir also doch erwarten müssen, spezifische Ursachen für sie zu finden, oder wir können uns die Vorstellung bilden, dass unter den Aufgaben, die das Seelenleben bewältigen soll, einige sind, an denen es besonders leicht scheitert, so dass sich die Besonderheit der oft sehr merkwürdigen neurotischen Phänomene daraus ableiten liesse, ohne dass wir unsere vorigen Behauptungen zu widerrufen brauchten. Wenn es richtig bleibt, dass die Neurosen sich in nichts Wesentlichem von der Norm entfernen, so verspricht ihr Studium uns wertvolle Beiträge zur Kenntnis dieser Norm zu liefern. Wir werden dabei vielleicht die „schwachen Punkte" einer normalen Organisation entdecken.

Unsere obige Vermutung bestätigt sich. Die analytischen Erfahrungen lehren uns, dass es wirklich einen Triebanspruch gibt, dessen Bewältigung am ehesten misslingt oder nur unvollkommen gelingt, und eine Lebenszeit, die für die Entstehung einer Neurose ausschliesslich oder vorwiegend in Betracht kommt. Die beiden Momente Triebnatur und Lebenszeit verlangen gesonderte Betrachtung, obwohl sie genug miteinander zu tun haben.

Über die Rolle der Lebenszeit können wir uns mit ziemlicher Sicherheit äussern. Es scheint, dass Neurosen nur in der ersten Kindheit (bis zum 6. Jahr) erworben werden, wenn auch ihre Symptome erst viel später zum Vorschein kommen mögen. Die Kindheitsneurose mag für kurze Zeit manifest werden oder selbst übersehen werden. Die spätere neurotische Erkrankung knüpft in allen Fällen an das Vorspiel in der Kindheit an. Vielleicht macht die sogenannte traumatische Neurose (durch überstarken Schreck, schwere somatische Erschütterungen wie Eisenbahnzusammenstoss, Verschüttung u. dgl.) hievon eine Ausnahme; ihre Beziehungen zur infantilen Bedingung haben sich bisher der Untersuchung entzogen. Die ätiologische Bevorzugung der ersten Kindheitsperiode ist leicht zu begründen. Die Neurosen sind, wie wir wissen, Affektionen des Ichs und es ist nicht zu verwundern, dass das Ich, solange es schwach, unfertig und widerstandsunfähig ist, an der Bewältigung von Aufgaben scheitert, die es späterhin spielend erledigen könnte. (Die Triebansprüche von innen wie die Erregungen von der Aussenwelt wirken dann als „Traumen", besonders wenn ihnen gewisse Dispositionen entgegenkommen.) Das hilflose Ich erwehrt sich ihrer durch Fluchtversuche (*Verdrängungen*), die sich später als unzweckmässig herausstellen und dauernde Einschränkungen für die weitere Entwicklung bedeuten. Die Schädigungen des Ichs durch seine ersten Erlebnisse erscheinen uns unverhältnismässig gross, aber man braucht zur Analogie nur an den Unterschied des Effekts zu denken, wenn man wie in den Versuchen von *Roux* einen Nadelstich gegen den in Teilung begriffenen Haufen von Keimzellen führt, anstatt gegen das fertige Tier, das sich später daraus entwickelt hat. Keinem menschlichen Individuum werden solche traumatische Erlebnisse erspart, keines wird der durch sie angeregten Verdrängungen enthoben. Diese bedenklichen Reaktionen des Ichs sind vielleicht unentbehrlich für die Erreichung eines anderen Ziels, das derselben Lebenszeit gesteckt ist. Der kleine Primitive soll in wenigen Jahren ein zivilisiertes Menschenkind geworden sein, ein ungeheuer langes Stück der menschlichen Kulturentwicklung in fast unheimlicher Verkürzung durchgemacht haben. Dies wird durch heriditäre Disposition ermöglicht, kann aber fast niemals die Nachhilfe der Erziehung, des Elterneinflusses, entbehren, die als Vorläufer des Überichs die Aktivität des Ichs durch Verbote und Strafen einschränkt und die Vornahme von Verdrängungen begünstigt oder erzwingt. Somit darf man nicht vergessen, auch den Kultureinfluss unter die Bedingungen der Neurose aufzunehmen. Der Barbar, erkennen wir, hat es leicht gesund zu sein, für den Kulturmenschen ist es eine schwere Aufgabe. Die Sehnsucht nach einem starken ungehemmten Ich mögen wir begreiflich finden; wie uns die gegenwärtige Zeit lehrt, ist sie im tiefsten Sinn kulturfeindlich. Und da die Kulturforderungen durch die Erziehung in der Familie vertreten werden, müssen wir auch dieses biologischen Charakters der Menschenart, der verlängerten Periode kindlicher Abhängigkeit, in der Ätiologie der Neurosen gedenken.

Was den anderen Punkt, das spezifische Triebmoment anbelangt, so entdecken wir hier eine interessante Dissonanz zwischen Theorie und Erfahrung. Theoretisch besteht kein Einwand gegen die Annahme, jeder beliebige Triebanspruch könne zu den gleichen Verdrängungen mit ihren Folgen Anlass geben, unsere Beobachtung zeigt uns aber regelmässig, soweit wir es beurteilen können, dass die Erregungen, denen diese pathogene Rolle zukommt, von Partialtrieben des Sexuallebens herrühren. Die Symptome der Neurosen sind durchwegs, man möchte sagen, entweder Ersatzbefriedigung irgendeines sexuellen Strebens oder Massnahmen zu ihrer Verhinderung, in der Regel Kompromisse von beiden, wie sie nach den für das Unbewusste geltenden Gesetzen zwischen Gegensätzen zustande kommen. Die Lücke in unserer Theorie ist derzeit nicht auszufüllen; die Entscheidung wird dadurch erschwert, dass die meisten Strebungen des Sexuallebens nicht rein erotischer Natur sind, sondern aus Legierungen von erotischen mit Anteilen des Destruktionstriebs hervorgegangen. Es kann aber keinem Zweifel unterliegen, dass die Triebe, welche sich physiologisch als Sexualität kundgeben, eine hervorragende, unerwartet grosse Rolle in der Verursachung der Neurosen spielen; ob eine ausschliessliche, bleibe dahingestellt. Man muss auch in Erwägung ziehen, dass keine andere Funktion im Laufe der Kulturentwicklung eine so energische und so weitgehende Zurückweisung erfahren hat wie gerade die sexuelle. Die Theorie wird sich mit einigen Hinweisen begnügen müssen, welche einen tieferen Zusammenhang verraten, dass die erste Kindheitsperiode, während der sich das Ich aus dem Es zu differenzieren beginnt, auch die Zeit der sexuellen Frühblüte ist, der die Latenzzeit ein Ende macht, dass es kaum zufällig ist, wenn diese bedeutungsvolle Vorzeit später der infantilen Amnesie verfällt, und endlich, dass biologische Veränderungen im Sexualleben wie eben der zweizeitige Ansatz der Funktion, der Verlust des Charakters der Periodizität in der sexuellen Erregtheit und die Wandlung im Verhältnis der weiblichen Menstruation zur männlichen Erregung, dass diese Neuerungen in der Sexualität sehr bedeutungsvoll für die Entwicklung vom Tier zum Menschen gewesen sein müssen. Zukünftiger Wissenschaft bleibt es vorbehalten, die jetzt noch isolierten Daten zu einer neuen Einsicht zusammenzusetzen. Es ist nicht die Psychologie, sondern die Biologie, die hier eine Lücke zeigt. Wir haben vielleicht nicht unrecht, wenn wir sagen, der schwache Punkt in der Organisation des Ichs läge in seinem Verhalten zur Sexualfunktion, als hätte sich der biologische Gegensatz zwischen Selbsterhaltung und Arterhaltung hier einen psychologischen Ausdruck geschaffen.

Wenn die analytische Erfahrung uns von der vollen Richtigkeit der oft gehörten Behauptung überzeugt hat, das Kind sei psychologisch der Vater des Erwachsenen und die Erlebnisse seiner ersten Jahre seien von unübertroffener Bedeutung für sein ganzes späteres Leben, so wird es ein besonderes Interesse für uns haben, wenn es etwas gibt, was man als das zentrale Erlebnis dieser Kindheitsperiode bezeichnen darf. Unsere Aufmerksamkeit wird zunächst von den Wirkungen gewisser Einflüsse angezogen, die nicht alle Kinder betreffen, obwohl sie häufig genug vorkommen, wie der sexuelle Missbrauch von Kindern durch Erwachsene, ihre Verführung durch andere wenig ältere Kinder (Geschwister) und, unerwartet genug, ihr Ergriffensein durch die Teilnahme als Ohren- und Augenzeugen an sexuellen Vorgängen zwischen Erwachsenen (den Eltern) meist zu einer Zeit, da man ihnen weder Interesse noch Verständnis für solche Eindrücke zutraut, noch die

Fähigkeit, sich später an sie zu erinnern. Es ist leicht festzustellen, in welchem Ausmass die sexuelle Empfänglichkeit des Kindes durch solche Erlebnisse geweckt und sein eigenes Sexualstreben in bestimmte Bahnen gedrängt wird, die es nicht wieder verlassen kann. Da diese Eindrücke entweder sofort oder sobald sie als Erinnerung wiederkehren wollen, der Verdrängung verfallen, stellen sie die Bedingung für den neurotischen Zwang her, der es dem Ich später unmöglich machen wird, die Sexualfunktion zu beherrschen und es wahrscheinlich veranlassen wird, sich dauernd von ihr abzuwenden. Die letztere Reaktion wird eine Neurose zur Folge haben, wenn sie ausbleibt, werden sich mannigfache Perversionen entwickeln oder eine volle Unbotmässigkeit der nicht nur für die Fortpflanzung, sondern auch für die ganze Lebensgestaltung so unermesslich wichtigen Funktion.

So lehrreich solche Fälle auch sein mögen, unser Interesse gebührt in noch höherem Grade dem Einfluss einer Situation, die allen Kindern durchzumachen bestimmt ist und die sich notwendig aus dem Moment der verlängerten Kinderpflege und des Zusammenlebens mit den Eltern ableitet. Ich meine den *Ödipuskomplex*, so genannt, weil sein wesentlicher Inhalt in der griechischen Sage vom König *Ödipus* wiederkehrt, deren Darstellung durch einen grossen Dramatiker uns zum Glück erhalten geblieben ist. Der griechische Held tötet seinen Vater und nimmt seine Mutter zum Weib. Dass er es unwissentlich tut, indem er die beiden nicht als seine Eltern kennt, ist eine Abweichung vom analytischen Sachverhalt, die wir leicht verstehen, ja als notwendig anerkennen werden.

Wir müssen hier die Entwicklung von Knabe und Mädchen — Mann und Weib — gesondert beschreiben, denn nun gewinnt der Geschlechtsunterschied seinen ersten psychologischen Ausdruck. In grosser Rätselhaftigkeit erhebt sich vor uns die biologische Tatsache der Zweiheit der Geschlechter, ein Letztes für unsere Kenntnis, jeder Zurückführung auf Anderes trotzend. Die Psychoanalyse hat nichts zur Klärung dieses Problems beigetragen, es gehört offenbar ganz der Biologie an. Im Seelenleben finden wir nur Reflexe jenes grossen Gegensatzes, deren Deutung durch die längst geahnte Tatsache erschwert wird, dass kein Einzelwesen sich auf die Reaktionsweisen eines einzigen Geschlechts einschränkt, sondern stets denen des entgegengesetzten einen gewissen Raum lässt, gerade wie sein Körper neben den ausgebildeten Organen des einen Geschlechts auch die verkümmerten, oft nutzlos gewordenen Rudimente des anderen mit sich trägt. Zur Unterscheidung des Männlichen vom Weiblichen im Seelenleben dient uns eine offenbar ungenügende empirische und konventionelle Gleichstellung. Wir heissen alles, was stark und aktiv ist, männlich, was schwach und passiv ist, weiblich. Diese Tatsache auch der psychologischen Bisexualität belastet alle unsere Ermittlungen, erschwert ihre Beschreibung.

Das erste erotische Objekt des Kindes ist die ernährende Mutterbrust, die Liebe entsteht in Anlehnung an das befriedigte Nahrungsbedürfnis. Die Brust wird anfangs gewiss nicht von dem eigenen Körper unterschieden, wenn sie vom Körper abgetrennt, nach „*aussen*" verlegt werden muss, weil sie so häufig vom Kind vermisst wird, nimmt sie als „*Objekt*" einen Teil der ursprünglich narzisstischen Libidobesetzung mit sich. Dies erste Objekt vervollständigt sich später zur Person der Mutter, die nicht nur nährt, sondern auch pflegt und so manche andere, lustvolle wie unlustige, Körperempfindungen beim Kind hervorruft. In der Körperpflege wird sie zur ersten Verführerin des Kindes. In diesen beiden Relationen wurzelt die einzigartige, unvergleichliche, fürs ganze Leben unabänderlich festgelegte Bedeutung der Mutter als erstes und stärkstes Liebesobjekt, als Vorbild aller späteren Liebesbeziehungen — bei beiden Geschlechtern. Hierbei hat die phylogenetische Begründung so sehr die Oberhand über das persönliche akzidentelle Erleben, dass es keinen Unterschied macht, ob das Kind wirklich an der Brust gesaugt hat oder mit der Flasche ernährt wurde und nie die Zärtlichkeit der Mutterpflege geniessen konnte. Seine Entwicklung geht in beiden Fällen die gleichen Wege, vielleicht wächst im letzteren die spätere Sehnsucht um so höher. Und solange auch das Kind an der Mutterbrust genährt wurde, es wird immer nach der Entwöhnung die Überzeugung mit sich nehmen, es sei zu kurz und zu wenig gewesen.

Diese Einleitung ist nicht überflüssig, sie kann uns das Verständnis für die Intensität des Ödipuskomplexes schärfen. Wenn der Knabe (von 2 bis 3 Jahren an) in die phallische Phase seiner Libidoentwicklung eingetreten ist, lustvolle Empfindungen von seinem Geschlechtsglied empfängt und gelernt hat, sich diese durch manuelle Reizung nach Belieben zu verschaffen, wird er zum Liebhaber der Mutter. Er wünscht, sie körperlich zu besitzen in den Formen, die er durch seine Beobachtungen und Ahnungen vom Sexualleben erraten hat, sucht sie zu verführen, indem er ihr sein männliches Glied zeigt, auf dessen Besitz er stolz ist. Seine früh erwachte Männlichkeit sucht mit einem Wort den Vater bei ihr zu ersetzen, der ohnehin bisher sein beneidetes Vorbild gewesen war infolge der körperlichen Stärke, die er an ihm wahrnimmt, und der Autorität, mit der er ihn bekleidet findet. Jetzt ist der Vater sein Rivale, der ihm im Wege steht und den er aus dem Weg räumen möchte. Wenn er während einer Abwesenheit des Vaters das Bett der Mutter teilen durfte, aus dem er nach der Rückkehr des Vaters wieder verbannt wird, bedeuten ihm die Befriedigung bei dem Verschwinden des Vaters und die Enttäuschung bei seinem Wiederauftauchen tiefgreifende Erlebnisse. Dies ist der Inhalt des Ödipuskomplexes, den die griechische Sage aus der Phantasiewelt des Kindes in vorgebliche Realität übersetzt hat. In unseren kulturellen Verhältnissen wird ihm regelmässig ein schreckhaftes Ende bereitet.

Die Mutter hat sehr wohl verstanden, dass die sexuelle Erregung des Knaben ihrer eigenen Person gilt. Irgendeinmal besinnt sie sich darauf, dass es nicht recht ist, sie gewähren zu lassen. Sie glaubt das Richtige zu tun, wenn sie ihm die manuelle Beschäftigung mit seinem Glied verbietet. Das Verbot nützt wenig, bringt höchstens eine Modifikation in der Art der Selbstbefriedigung zustande. Endlich greift die Mutter zum schärfsten Mittel, sie droht, dass sie ihm das Ding wegnehmen wird, mit dem er ihr trotzt. Gewöhnlich schiebt sie die Ausführung der Drohung dem Vater zu, um sie schreckhafter und glaubwürdiger zu machen. Sie wird es dem Vater sagen und er wird das Glied abschneiden. Merkwürdigerweise wirkt diese Drohung nur, wenn auch vorher und nachher eine andere Bedingung erfüllt ist. An sich erscheint es dem Knaben allzu unvorstellbar, dass etwas derartiges geschehen könnte. Aber wenn er sich bei dieser Drohung an den Anblick eines weiblichen Genitales erinnern kann oder kurz nachher ein solches Genitale zu Gesicht bekommt, ein Genitale, dem dies über alles geschätzte Stück wirklich fehlt, dann glaubt er an den Ernst dessen, was er gehört hat, und erlebt, indem er unter den Einfluss des *Kastrationskomplexes* gerät, das stärkste Trauma seines jungen Lebens.[1] Die Wirkungen der Kastrationsdrohung sind mannigfaltig und unübersehbar, sie betreffen alle Beziehungen des Knaben zu Vater und Mutter, späterhin zu Mann und Weib überhaupt. Meist hält die Männlichkeit des Kindes dieser ersten Erschütterung nicht stand. Um sein Geschlechtsglied zu retten, verzichtet er mehr oder weniger vollständig auf den Besitz der Mutter, häufig bleibt sein Geschlechtsleben für alle Zeit von dem Verbot belastet. Wenn eine starke feminine Komponente, wie wir es ausdrücken, bei ihm vorhanden ist, gewinnt sie durch die Einschüchterung der Männlichkeit an Stärke. Er gerät in eine passive Einstellung zum Vater, wie er sie der Mutter zuschreibt. Er hat zwar infolge der Drohung die Masturbation aufgegeben, aber nicht die sie begleitende Phantasietätigkeit. Diese wird vielmehr, da sie jetzt die einzige ihm verbliebene Form der sexuellen Befriedigung ist, mehr als vorhin gepflegt werden und in solchen Phantasien wird er sich zwar noch immer mit dem Vater, aber auch gleichzeitig und vielleicht vorwiegend mit der Mutter identifizieren. Abkömmlinge und Umwandlungsprodukte dieser frühen Onaniephantasien pflegen sich den Einlass in sein späteres Ich zu

---

1) Die Kastration fehlt auch in der Ödipus-Sage nicht, denn die Blendung, durch die sich Ödipus nach der Aufdeckung seines Verbrechens bestraft, ist nach dem Zeugnis der Träume ein symbolischer Ersatz der Kastration. Dass an der ausserordentlichen Schreckwirkung der Drohung eine phylogenetische Erinnerungsspur mitschuldig ist an die Vorzeit der prähistorischen Familie, da der eifersüchtige Vater dem Sohn wirklich des Genitales beraubte, wenn er ihm als Rivale beim Weib lästig wurde, ist nicht auszuschliessen. Die uralte Sitte der Beschneidung, ein anderer Symbolersatz der Kastration, lässt sich nur verstehen als Ausdruck der Unterwerfung unter den Willen des Vaters. (Siehe die Pubertätsriten der Primitiven.) Wie sich der oben beschriebene Ablauf bei den Völkern und in den Kulturen gestaltet, die die kindliche Masturbation nicht unterdrücken, ist noch nicht untersucht worden.

verschaffen und werden Anteil an seiner Charakterbildung bekommen. Unabhängig von solcher Förderung seiner Weiblichkeit werden Angst vor dem Vater und Hass gegen ihn eine grosse Steigerung erfahren. Die Männlichkeit des Knaben zieht sich gleichsam in eine Trotzeinstellung zum Vater zurück, die sein späteres Verhalten in der menschlichen Gemeinschaft zwangsmässig beherrschen wird. Als Rest der erotischen Fixierung an die Mutter stellt sich oft eine übergrosse Abhängigkeit von ihr her, die sich später als Hörigkeit gegen das Weib fortsetzen wird. Er getraut sich nicht mehr die Mutter zu lieben, aber er kann es nicht riskieren, nicht von ihr geliebt zu werden, denn dann ist er in Gefahr, von ihr an den Vater verraten und der Kastration ausgeliefert zu werden. Das ganze Erlebnis mit allen seinen Vorbedingungen und Folgen, von denen unsere Darstellung nur eine Auswahl geben konnte, verfällt einer höchst energischen Verdrängung, und wie es die Gesetze des unbewussten Es gestatten, bleiben alle miteinander widerstreitenden Gefühlsregungen und Reaktionen, die damals aktivert wurden, im Unbewussten erhalten und bereit, die spätere Ichentwicklung nach der Pubertät zu stören. Wenn der somatische Prozess der sexuellen Reifung die alten anscheinend überwundenen Libidofixierungen neu belebt, wird sich das Sexualleben gehemmt erweisen, uneinheitlich, in einander widerstreitende Strebungen zerfallen.

Gewiss hat der Eingriff der Kastrationsdrohung in das keimende Sexualleben des Knaben nicht immer diese gefürchteten Folgen. Es wird wiederum von quantitativen Beziehungen abhängen, wieviel Schaden angerichtet und wieviel verhütet wird. Die ganze Begebenheit, in der man wohl das zentrale Erlebnis der Kinderjahre erblicken darf, das grösste Problem der Frühzeit und die stärkste Quelle späterer Unzulänglichkeit, wird so gründlich vergessen, dass dessen Rekonstruktion in der analytischen Arbeit auf den entschiedensten Unglauben des Erwachsenen stösst. Ja die Abwendung geht soweit, dass man jede Erwähnung des verpönten Gegenstandes zum Schweigen bringen will und in seltsamer intellektueller Verblendung die nächstliegenden Mahnungen an denselben verkennt. So hat man den Einwand hören können, die Sage vom König Ödipus habe eigentlich nichts mit der Konstruktion der Analyse zu tun, es sei ein ganz anderer Fall, denn Ödipus habe ja nicht gewusst, dass es sein Vater sei, den er getötet, und seine Mutter, die er geheiratet habe. Man übersieht dabei nur, dass eine solche Entstellung unerlässlich ist, wenn eine poetische Gestaltung des Stoffes versucht wird, und dass sie nichts Fremdes einträgt, sondern nur die im Thema gegebenen Momente geschickt verwertet. Die Unwissenheit des Öpidus ist die legitime Darstellung der Unbewusstheit, in die für den Erwachsenen das ganze Erlebnis versunken ist, und der Zwang des Orakels, der den Helden schuldlos macht oder schuldlos machen sollte, die Anerkennung der Unerlässlichkeit des Schicksals, das alle Söhne verurteilt hat, den Ödipuskomplex zu durchleben. Als ein andermal von psychoanalytischer Seite darauf aufmerksam gemacht wurde, wie leicht sich das Rätsel eines anderen Helden der Dichtung, des von *Shakespeare* geschilderten Zauderers *Hamlet*, durch die Verweisung auf den Öpiduskomplex lösen lässt, da der Prinz ja an der Aufgabe scheitert, an einem anderen zu strafen, was sich mit dem Inhalt seiner eigenen Ödipuswünsche deckt, da zeigte die allgemeine Verständnislosigkeit der literarischen Welt, wie sehr die Masse der Menschen bereit war, an ihren infantilen Verdrängungen festzuhalten.[1]

Und doch hatte mehr als ein Jahrhundert vor dem Auftauchen der Psychoanalyse der Franzose *Diderot* die Bedeutung des Ödipuskomplexes bezeugt, indem er den Unterschied zwischen Urzeit und Kultur in dem Satz ausdrückte: Si le petit sauvage était abandonné à lui-même qu'il conserva toute son imbécillité, et qu'il réunit au peu de raison de l'enfant au berceau la violence des passions de l'homme de trente ans, il tordrait le cou à son père et coucherait avec sa mère. Ich getraue mich zu sagen, wenn die Psychoanalyse sich keiner anderen

---

[1] Der Name *William Shakespeare* ist sehr wahrscheinlich ein Pseudonym, hinter dem sich ein grosser Unbekannter verbirgt. Ein Mann, in dem man den Autor der Shakespearischen Dichtungen zu erkennen glaubt, *Edward de Vere, Earl of Oxford*, hatte noch als Knabe einen geliebten und bewunderten Vater verloren und sich völlig von seiner Mutter losgesagt, die sehr bald nach dem Tode ihres Mannes eine neue Ehe eingegangen war.

Leistung rühmen könnte als der Aufdeckung des verdrängten Ödipuskomplexes, dies allein würde ihr den Anspruch geben, unter die wertvollen Neuerwerbungen der Menschheit eingereiht zu werden. Die Wirkungen des Kastrationskomplexes sind beim kleinen Mädchen einförmiger und nicht weniger tiefgreifend. Das weibliche Kind hat natürlich nicht zu befürchten, dass es den Penis verlieren wird, es muss aber darauf reagieren, dass es ihn nicht bekommen hat. Von Anfang an beneidet es den Knaben um seinen Besitz, man kann sagen, seine ganze Entwicklung vollzieht sich im Zeichen des Penisneides. Es macht zunächst vergebliche Versuche, es dem Knaben gleichzutun und später mit besserem Erfolg Bemühungen, sich für ihren Defekt zu entschädigen, die endlich zur normalen weiblichen Einstellung führen können. Wenn es in der phallischen Phase versucht, sich wie der Knabe durch manuelle Reizung des Genitales Lust zu verschaffen, erzielt es oft keine ihm genügende Befriedigung, und dehnt das Urteil der Minderwertigkeit von seinem verkümmerten Penis auf seine ganze Person aus. In der Regel gibt es die Masturbation bald auf, weil es nicht an die Überlegenheit des Bruders oder Gespielen gemahnt werden will und wendet sich überhaupt von der Sexualität ab.

Wenn das kleine Weib bei ihrem ersten Wunsch beharrt, ein „Bub" zu werden, so wird sie im extremen Fall als manifeste Homosexuelle enden, sonst in ihrer späteren Lebensführung ausgeprägt männliche Züge zum Ausdruck bringen, einen männlichen Beruf wählen u. dgl. Der andere Weg führt über die Ablösung von der geliebten Mutter, der die Tochter unter dem Einfluss des Penisneides nicht verzeihen kann, dass sie sie so mangelhaft ausgestattet in die Welt geschickt hat. Im Groll darüber gibt sie die Mutter auf und ersetzt sie durch ein andere Person als Liebesobjekt, durch den Vater. Wenn man ein Liebesobjekt verloren hat, so ist die nächstliegende Reaktion, dass man sich mit ihm identifiziert, es gleichsam durch Identifizierung von innen her ersetzt. Dieser Mechanismus kommt hier dem kleinen Mädchen zur Hilfe. Die Mutteridentifizierung kann nun die Mutterbindung ablösen. Das Töchterchen setzt sich an die Stelle der Mutter, wie sie in ihren Spielen immer getan hat, will sie beim Vater ersetzen und hasst nun die vorher geliebte Mutter mit zweifacher Motivierung, aus Eifersucht wie aus Kränkung über den versagten Penis. Ihr neues Verhältnis zum Vater mag zunächst den Wunsch zum Inhalt haben, über seinen Penis zu verfügen, es gipfelt aber in dem anderen Wunsch, von ihm ein Kind zum Geschenk zu bekommen. Der Wunsch nach dem Kind ist so an die Stelle des Peniswunsches getreten oder hat sich wenigstens von ihm abgespalten.

Es ist interessant, dass das Verhältnis zwischen Ödipus- und Kastrationskomplex sich beim Weib so ganz anders, ja eigentlich entgegengesetzt gestaltet wie beim Mann. Bei letzterem, haben wir gehört, macht die Kastrationsdrohung dem Ödipuskomplex ein Ende, beim Weib erfahren wir, dass es im Gegenteil durch die Wirkung des Penismangels in seinen Ödipuskomplex gedrängt wird. Für das Weib bringt es geringen Schaden, wenn es in seiner femininen Ödipuseinstellung (man hat für sie den Namen ,,Elektrakomplex" vorgeschlagen) verbleibt. Sie wird dann ihren Mann nach väterlichen Eigenschaften wählen und bereit sein, seine Autorität anzuerkennen. Ihre eigentlich unstillbare Sehnsucht nach dem Besitz eines Penis kann zur Befriedigung kommen, wenn es ihr gelingt, die Liebe zum Organ zur Liebe für den Träger desselben zu vervollständigen, wie es seinerzeit beim Fortschritt von der Mutterbrust zur Mutterperson geschah.

Wenn man die Erfahrung des Analytikers befragt, welche psychische Formationen seiner Patienten sich der Beeinflussung am wenigsten zugänglich erwiesen haben, so wird die Antwort lauten, beim Weib ist es der Peniswunsch, beim Mann die feminine Einstellung zum eigenen Geschlecht, die ja den Penisverlust zur Voraussetzung hat.

# III. TEIL
DER THEORETISCHE GEWINN

8. KAPITEL

DER PSYCHISCHE APPARAT UND DIE AUSSENWELT

Natürlich sind auch alle die allgemeinen Einsichten und Voraussetzungen, die wir in unserem ersten Kapitel aufgeführt haben, durch die mühselige und geduldige Einzelarbeit gewonnen worden, von der wir im vorstehenden Abschnitt ein Beispiel gegeben haben. Es mag uns nun verlocken zu überschauen, welche Bereicherung unseres Wissens wir durch solche Arbeit erworben und was für Wege für weiteren Fortschritt wir eröffnet haben. Es darf uns dabei auffallen, dass wir so oft genötigt waren, uns über die Grenzen der psychologischen Wissenschaft hinaus zu wagen. Die Phänomene, die wir bearbeiteten, gehören nicht nur der Psychologie an, sie haben auch eine organisch-biologische Seite und dementsprechend haben wir in unseren Bemühungen um den Aufbau der Psychoanalyse auch bedeutsame biologische Funde gemacht und neue biologische Annahmen nicht vermeiden können.

Um aber zunächst bei der Psychologie zu verbleiben: Wir haben erkannt, dass die Abgrenzung der psychischen Norm von der Abnormalität wissenschaftlich nicht durchführbar ist, so dass dieser Unterscheidung trotz ihrer praktischen Wichtigkeit nur ein konventioneller Wert zukommt. Wir haben damit das Anrecht begründet, das normale Seelenleben aus seinen Störungen zu verstehen, was nicht gestattet wäre, wenn diese Krankheitszustände, Neurosen und Psychosen, spezifische, nach der Art von Fremdkörpern wirkende Ursachen hätten.

Das Studium einer flüchtigen, harmlosen, ja einer nützlichen Funktion dienenden Seelenstörung während des Schlafes hat uns den Schlüssel zum Verständnis der permanenten und dem Leben schädlichen Seelenerkrankungen in die Hand gegeben. Und nun getrauen wir uns der Behauptung, dass die Bewusstseinspsychologie zum Verständnis der seelischen Normalfunktion nicht besser befähigt war als zu dem des Traumes. Die Daten der bewussten Selbstwahrnehmung, die ihr allein zur Verfügung standen, haben sich überall als unzureichend erwiesen, um die Fülle und Verwicklung der seelischen Vorgänge zu durchschauen, deren Zusammenhänge aufzudecken und so die Bedingungen für deren Störungen zu erkennen.

Unsere Annahme eines räumlich ausgedehnten, zweckmässig zusammengesetzten, durch die Bedürfnisse des Lebens entwickelten psychischen Apparates, der nur an einer bestimmten Stelle unter gewissen Bedingungen den Phänomenen des Bewusstseins Entstehung gibt, hat uns in den Stand gesetzt, die Psychologie auf einer ähnlichen Grundlage aufzurichten wie jede andere Naturwissenschaft, z.B. wie die Physik. Hier wie dort besteht die Aufgabe darin, hinter den unserer Wahrnehmung direkt gegebenen Eigenschaften (Qualitäten) des Forschungsobjektes anderes aufzudecken, was von der besonderen Aufnahmsfähigkeit unserer Sinnesorgane unabhängiger und dem vermuteten realen Sachverhalt besser angenähert ist. Diesen selbst hoffen wir nicht erreichen zu können, denn wir sehen, dass wir alles, was wir neu erschlossen haben, doch wieder in die Sprache unserer Wahrnehmungen übersetzen müssen, von der wir uns nun einmal nicht frei machen können. Aber dies ist eben die Natur und Begrenztheit unserer Wissenschaft. Es ist, als sagten wir in der Physik: Wenn wir so scharf sehen könnten, würden wir finden, dass der anscheinend feste Körper aus Teilchen von solcher Gestalt, Grösse und gegenseitiger Lagerung besteht. Wir versuchen unterdes, die Leistungsfähigkeit unserer Sinnesorgane durch künstliche Hilfsmittel aufs Äusserste zu steigern, aber man darf erwarten, dass alle solche Bemühungen am

Endergebnis nichts ändern werden. Das Reale wird immer „unerkennbar" bleiben. Der Gewinn, den die wissenschaftliche Arbeit an unseren primären Sinneswahrnehmungen zu Tage fördert, wird in der Einsicht in Zusammenhänge und Abhängigkeiten bestehen, die in der Aussenwelt vorhanden sind, in der Innenwelt unseres Denkens irgendwie zuverlässig reproduziert oder gespiegelt werden können, und deren Kenntnis uns befähigt, etwas in der Aussenwelt zu „verstehen", es vorauszusehen und möglicher Weise abzuändern. Ganz ähnlich verfahren wir in der Psychoanalyse. Wir haben die technischen Mittel gefunden, um die Lücken unserer Bewusstseinsphänomene auszufüllen, deren wir uns also bedienen wie die Physiker des Experiments. Wir erschliessen auf diesem Wege eine Anzahl von Vorgängen, die an und für sich „unerkennbar" sind, schalten sie in die uns bewussten ein und wenn wir z.B. sagen, hier hat eine unbewusste Erinnerung eingegriffen, so heisst das eben: Hier ist etwas für uns ganz Unfassbares vorgefallen, was aber, wenn es uns zum Bewusstsein gekommen wäre, nur so und so hätte beschrieben werden können.

Mit welchem Recht und mit welchem Grad von Sicherheit wir solche Schlüsse und Interpolationen vornehmen, das bleibt natürlich in jedem Einzelfall der Kritik unterworfen, und es ist nicht zu leugnen, dass die Entscheidung oft grosse Schwierigkeiten hat, die im Mangel an Übereinstimmung unter den Analytikern zum Ausdruck kommen. Die Neuheit der Aufgabe ist dafür verantwortlich zu machen, also der Mangel an Schulung, aber auch ein dem Gegenstand anhaftendes besonderes Moment, da es sich in der Psychologie nicht immer wie in der Physik um Dinge handelt, die nur ein kühles wissenschaftliches Interesse erwecken können. So wird man sich nicht zu sehr verwundern, wenn eine Analytikerin, die von der Intensität ihres eigenen Peniswunsches nicht genug überzeugt worden ist, dies Moment auch bei ihren Patienten nicht gehörig würdigt. Aber solche Fehlerquellen aus der persönlichen Gleichung haben am Ende nicht viel zu bedeuten. Liest man alte Handbücher der Mikroskopie, so erfährt man mit Erstaunen, welch ausserordentliche Anforderungen an die Persönlichkeit des Beobachters am Instrument damals erhoben wurden, als es noch eine junge Technik war, während heute von alledem nicht mehr die Rede ist.

Wir können uns nicht die Aufgabe stellen, hier ein vollständiges Bild des psychischen Apparats und seiner Leistungen zu entwerfen, fänden uns auch durch den Umstand behindert, dass die Psychoanalyse noch nicht Zeit gehabt hat, alle Funktionen gleichmässig zu studieren. Wir begnügen uns darum bei einer ausführlichen Wiederholung der Angaben in unserem einleitenden Abschnitt. Den Kern unseres Wesens bildet also das dunkle *Es*, das nicht direkt mit der Aussenwelt verkehrt und auch unserer Kenntnis nur durch die Vermittlung einer anderen Instanz zugänglich wird. In diesem Es wirken die organischen *Triebe*, selbst aus Mischungen von zwei Urkräften (Eros und Destruktion) in wechselnden Ausmassen zusammengesetzt und durch ihre Beziehung zu Organen oder Organsystemen von einander differenziert. Das einzige Streben dieser Triebe ist nach Befriedigung, die von bestimmten Veränderungen an den Organen mit Hilfe von Objekten der Aussenwelt erwartet wird. Aber sofortige und rücksichtslose Triebbefriedigung, wie sie das Es fordert, würde oft genug zu gefährlichen Konflikten mit der Aussenwelt und zum Untergang führen. Das Es kennt keine Fürsorge für die Sicherung des Fortbestandes, keine Angst, oder vielleicht sagen wir richtiger, es kann zwar die Empfindungselemente der Angst entwickeln, aber nicht sie verwerten. Die Vorgänge, die an und zwischen den supponierten psychischen Elementen im Es möglich sind (*Primärvorgang*), unterscheiden sich weitgehend von jenen, die uns durch bewusste Wahrnehmung in unserem intellektuellen und Gefühlsleben bekannt sind, auch gelten für sie nicht die kritischen Einschränkungen der Logik, die einen Anteil dieser Vorgänge als unstatthaft verwirft und rückgängig machen will.

Das Es, von der Aussenwelt abgeschnitten, hat seine eigene Wahrnehmungswelt. Es verspürt mit ausserordentlicher Schärfe gewisse Veränderungen in seinem Inneren, besonders Schwankungen in der Bedürfnisspannung seiner Triebe, die als Empfindungen der Reihe Lust-Unlust bewusst werden. Es ist freilich schwer anzugeben, auf welchen Wegen und mit Hilfe welcher sensiblen Endorgane diese Wahrnehmungen zustande kommen. Aber es steht fest, dass die Selbstwahrnehmungen — Allgemeingefühle und Lust-Unlustempfindungen — die Abläufe im Es mit despotischer Gewalt beherrschen. Das Es gehorcht dem unerbittlichen Lustprinzip. Aber nicht nur das Es allein. Es scheint, dass auch die Tätigkeit der anderen psychischen Instanzen das Lustprinzip nur zu modifizieren, aber nicht aufzuheben vermag, und es bleibt eine theoretisch höchst bedeutsame, gegenwärtig noch nicht beantwortete Frage, wann und wie die Überwindung des Lustprinzips überhaupt gelingt. Die Erwägung, dass das Lustprinzip eine Herabsetzung, im Grunde vielleicht ein Erlöschen der Bedürfnisspannungen (*Nirwana*) verlangt, führt zu noch nicht gewürdigten Beziehungen des Lustprinzips zu den beiden Urkräften, Eros und Todestrieb.

Die andere psychische Instanz, die wir am besten zu kennen glauben und in der wir am ehesten uns selbst erkennen, das sogenannte *Ich*, hat sich aus der Rindenschicht des Es entwickelt, die durch ihre Einrichtung zur Reizaufnahme und Reizabhaltung in direktem Kontakt mit der Aussenwelt (der *Realität*) steht. Es hat von der bewussten Wahrnehmung her immer grössere Bezirke und tiefere Schichten des Es seinem Einfluss unterworfen, zeigt in seiner festgehaltenen Abhängigkeit von der Aussenwelt den untilgbaren Stempel seiner Herkunft. (Etwa wie: made in Germany.) Seine psychologische Leistung besteht darin, dass es die Abläufe im Es auf ein höheres dynamisches Niveau hebt (etwa frei bewegliche Energie in gebundene verwandelt, wie sie dem vorbewussten Zustand entspricht); seine konstruktive, dass es zwischen Triebanspruch und Befriedigungshandlung die Denktätigkeit einschaltet, die nach Orientierung in der Gegenwart und Verwertung früherer Erfahrungen durch Probehandlungen den Erfolg der beabsichtigten Unternehmungen zu erraten sucht. Das Ich trifft auf diese Weise die Entscheidung, ob der Versuch zur Befriedigung ausgeführt oder verschoben werden soll oder ob der Anspruch des Triebes nicht überhaupt als gefährlich unterdrückt werden muss (*Realitätsprinzip*). Wie das Es ausschliesslich auf Lustgewinn ausgeht, so ist das Ich von der Rücksicht auf Sicherheit beherrscht. Das Ich hat sich die Aufgabe der Selbsterhaltung gestellt, die das Es zu vernachlässigen scheint. Es bedient sich der Angstsensationen als eines Signals, das seiner Integrität drohende Gefahren anzeigt. Da Erinnerungsspuren ebenso bewusst werden können wie Wahrnehmungen, besonders durch ihre Assoziation mit Sprachresten, besteht hier die Möglichkeit einer Verwechslung, die zur Verkennung der Realität führen würde. Das Ich schützt sich gegen sie durch die Einrichtung der *Realitätsprüfung*, die im Traum nach den Bedingungen des Schlafzustandes entfallen darf. Gefahren drohen dem Ich, das sich in einer Umgebung von übermächtigen mechanischen Gewalten behaupten will, in erster Linie von der äusseren Realität her, aber nicht allein von dort. Das eigene Es ist eine Quelle ähnlicher Gefahren und zwar mit zwei verschiedenen Begründungen. Erstens können übergrosse Triebstärken das Ich in ähnlicher Weise schädigen wie die übergrossen „Reize" der Aussenwelt. Sie können es zwar nicht vernichten, wohl aber die ihm eigene dynamische Organisation zerstören, das Ich wiederum in einen Teil des Es verwandeln. Zweitens mag die Erfahrung das Ich gelehrt haben, dass die Befriedigung eines an sich nicht unerträglichen Triebanspruches Gefahren in der Aussenwelt mit sich bringen würde, so dass solcher Art der Triebanspruch selbst zur Gefahr wird. Das Ich kämpft also auf zwei Fronten, es hat sich seiner Existenz zu wehren gegen eine mit Vernichtung drohende Aussenwelt wie gegen eine allzu anspruchsvolle Innenwelt. Es wendet die gleichen Methoden der Verteidigung gegen beide an, aber die Abwehr des inneren Feindes ist in besonderer Weise unzulänglich. Infolge der ursprünglichen Identität und des späterhin innigsten Zusammenlebens gelingt es schwer, den inneren Gefahren zu entfliehen. Sie verbleiben als Drohungen, auch wenn sie zeitweilig niedergehalten werden können.

Wir haben gehört, dass das schwache und unfertige Ich der ersten Kindheitsperiode dauernd geschädigt wird durch die Anstrengungen, die ihm auferlegt werden, um sich der dieser Lebenszeit eigentümlichen Gefahren zu erwehren. Gegen die Gefahren, mit denen die

Aussenwelt droht, wird das Kind durch die Fürsorge der Eltern geschützt; es büsst für diese Sicherung durch die Angst vor dem *Liebesverlust*, der es den Gefahren der Aussenwelt hilflos ausliefern würde. Dieses Moment äussert seinen entscheidenden Einfluss auf den Ausgang des Konfliktes, wenn der Knabe in die Situation des Ödipuskomplexes gerät, in der die urzeitlich verstärkte Bedrohung seines Narzissmus durch die Kastration sich seiner bemächtigt. Durch das Zusammenwirken beider Einflüsse, der aktuellen realen Gefahr und der erinnerten phylogenetisch begründeten, bezwungen, nimmt das Kind seine Abwehrversuche — Verdrängungen — vor, die für den Augenblick zweckmässig, sich psychologisch doch als unzulänglich erweisen, wenn die spätere Neubelebung des Sexuallebens die damals abgewiesenen Triebansprüche verstärkt. Die biologische Betrachtung muss dann erklären, das Ich scheitere an der Aufgabe, die Erregungen der sexuellen Frühzeit zu bewältigen, während seine Unfertigkeit es nicht dazu befähigt. In diesem Zurückbleiben der Ichentwicklung gegen die Libidoentwicklung erkennen wir die wesentliche Bedingung der Neurose und können dem Schluss nicht ausweichen, dass sich die Neurose vermeiden liesse, wenn man dem kindlichen Ich diese Aufgabe ersparte, also das kindliche Sexualleben frei gewähren liesse wie es bei vielen Primitiven geschieht. Möglicherweise ist die Ätiologie der neurotischen Erkrankungen komplizierter als hier ausgeführt wurde; wir haben dann wenigstens ein wesentliches Stück der ätiologischen Verknotung herausgegriffen. Wir dürfen auch nicht an die phylogenetischen Einflüsse vergessen, die irgendwie im Es vertreten sind, in für uns noch nicht fassbaren Formen, und die sicherlich in jener Frühzeit stärker auf das Ich wirken werden als später. Auf der anderen Seite dämmert uns die Einsicht, dass eine so frühzeitig versuchte Eindämmung des Sexualtriebes, eine so entschiedene Parteinahme des jungen Ichs für die Aussenwelt im Gegensatz zur Innenwelt, wie sie durch das Verbot der kindlichen Sexualität zustande kommt, nicht ohne Wirkung auf die spätere Kulturbereitschaft des Individuums bleiben kann. Die von direkter Befriedigung abgedrängten Triebansprüche werden genötigt, neue Bahnen einzuschlagen, die zur Ersatzbefriedigung führen, und können während dieser Umwege desexualisiert werden, die Verbindung mit ihren ursprünglichen Triebzielen lockern. Damit greifen wir der Behauptung vor, dass vieles von unserem hochgeschätzten Kulturbesitz auf Kosten der Sexualität, durch Einschränkung sexueller Triebkräfte, erworben wurde. Wenn wir bisher immer wieder betonen mussten, das Ich verdanke seine Entstehung wie die wichtigsten seiner erworbenen Charaktere der Beziehung zur realen Aussenwelt, so haben wir uns vorbereitet anzunehmen, dass die Krankheitszustände des Ichs, in denen es sich dem Es wiederum am meisten annähert, durch Aufhebung oder Lockerung dieser Aussenweltsbeziehung begründet sind. Dazu stimmt es sehr gut, dass uns die klinische Erfahrung lehrt, der Anlass für den Ausbruch einer Psychose sei entweder, dass die Realität unerträglich schmerzhaft geworden ist, oder dass die Triebe eine ausserordentliche Verstärkung gewonnen haben, was bei den rivalisierenden Ansprüchen von Es und Aussenwelt an das Ich die gleiche Wirkung erzielen muss. Das Problem der Psychose wäre einfach und durchsichtig, wenn die Ablösung des Ichs von der Realität restlos durchführbar wäre. Aber das scheint nur selten, vielleicht niemals vorzukommen. Selbst von Zuständen, die sich von der Wirklichkeit der Aussenwelt so weit entfernt haben wie der einer halluzinatorischen Verworrenheit (Amentia), erfährt man durch die Mitteilung der Kranken nach ihrer Genesung, dass damals in einem Winkel ihrer Seele, wie sie sich ausdrücken, eine normale Person sich verborgen hielt, die den Krankheitsspuk wie ein unbeteiligter Beobachter an sich vorüberziehen liess. Ich weiss nicht, ob man annehmen darf, es sei allgemein so, aber ich kann über andere, weniger stürmisch verlaufende Psychosen ähnliches berichten. Ich gedenke eines Falles von chronischer Paranoia, bei dem nach jedem Eifersuchtsanfall ein Traum die korrekte, völlig wahnfreie Darstellung des Anlasses zur Kenntnis des Analytikers brachte. Es ergab sich so der interessante Gegensatz, dass während wir sonst aus den Träumen des Neurotikers die seinem Wachleben fremde Eifersucht erraten, hier beim Psychotiker der tagsüber herrschende Wahn durch den Traum berichtigt wurde. Wir dürfen wahrscheinlich als allgemein gültig vermuten, was in all solchen Fällen vor sich ginge, sei eine psychische *Spaltung*. Es bildeten sich zwei psychische Einstellungen anstatt einer einzigen, die eine, die der Realität Rechnung trägt, die normale, und eine andere, die unter Triebeinfluss das Ich von der Realität ablöst. Die beiden bestehen nebeneinander. Der Ausgang hängt von ihrer relativen Stärke ab. Ist oder wird die letztere die stärkere, so ist damit die Bedingung der Psychose gegeben. Kehrt sich das Verhältnis um, so ergibt sich eine anscheinende Heilung der Wahnkrankheit. In Wirklichkeit ist sie nur ins Unbewusste zurückgetreten, wie man ja auch aus zahlreichen Beobachtungen erschliessen muss, dass der Wahn lange Zeit fertig gebildet lag, ehe er manifest zum Durchbruch kam.

Der Gesichtspunkt, der bei allen Psychosen eine *Ichspaltung* postuliert, könnte nicht soviel Beachtung in Anspruch nehmen, wenn er sich nicht bei anderen Zuständen, die den Neurosen ähnlicher sind und endlich bei diesen selbst als zutreffend erwiese. Ich habe mich davon zunächst in Fällen von *Fetischismus* überzeugt. Diese Abnormität, die man den Perversionen zurechnen darf, begründet sich bekanntlich darauf, dass der fast immer männliche Patient die Penislosigkeit des Weibes nicht anerkennt, die ihm als Beweis für die Möglichkeit der eigenen Kastration höchst unerwünscht ist. Er verleugnet darum die eigene Sinneswahrnehmung, die ihm den Penismangel am weiblichen Genitale gezeigt hat, und hält an der gegenteiligen Überzeugung fest. Die verleugnete Wahrnehmung ist aber auch nicht ganz ohne Einfluss geblieben, denn er hat doch nicht den Mut zu behaupten, er habe wirklich einen Penis gesehen. Sondern er greift etwas anderes, Körperteil oder Gegenstand, auf und verleiht dem die Rolle des Penis, den er nicht vermissen will. Meist ist es etwas, was er damals beim Anblick des weiblichen Genitales wirklich gesehen hat, oder etwas, was sich zum symbolischen Ersatz des Penis eignet. Nun wäre es unrecht, diesen Vorgang bei der Bildung des Fetisch eine Ichspaltung zu heissen, es ist eine Kompromissbildung mit Hilfe von Verschiebung, wie sie uns vom Traum her bekannt ist. Aber unsere Beobachtungen zeigen uns noch mehr. Die Schöpfung des Fetisch folgte ja aus der Absicht, den Beweis für die Möglichkeit der Kastration zu zerstören, so dass man der Kastrationsangst entgehen kann. Wenn das Weib einen Penis besitzt wie andere Lebewesen, braucht man für den Fortbesitz des eigenen Penis nicht zu zittern. Nun begegnen wir Fetischisten, die die nämliche Kastrationsangst entwickelt haben wie Nichtfetischisten und in derselben Weise auf sie reagieren. In ihrem Benehmen drücken sich also gleichzeitig zwei entgegengesetzte Voraussetzungen aus. Einerseits verleugnen sie die Tatsache ihrer Wahrnehmung, dass sie am weiblichen Genitale keinen Penis gesehen haben, anderseits anerkennen sie den Penismangel des Weibes und ziehen aus ihm die richtigen Schlüsse. Die beiden Einstellungen bestehen das ganze Leben hindurch nebeneinander, ohne sich gegenseitig zu beeinflussen. Das ist, was man eine *Ichspaltung* nennen darf. Dieser Sachverhalt lässt uns auch verstehen, dass der Fetischismus so häufig nur partiell ausgebildet ist. Er beherrscht die Objektwahl nicht ausschliessend, sondern lässt Raum für ein mehr oder minder grosses Ausmass von normalem Sexualverhalten, ja er zieht sich selbst manchmal auf eine bescheidene Rolle oder auf eine blosse Andeutung zurück. Die Ablösung des Ichs von der Realität der Aussenwelt ist also den Fetischisten niemals vollkommen gelungen.

Man darf nicht glauben, dass der Fetischismus einen Ausnahmsfall in Bezug auf die Ichspaltung darstellt, er ist nur ein besonders günstiges Studienobjekt dafür. Wir greifen auf die Angabe zurück, dass das kindliche Ich unter der Herrschaft der Realwelt unliebsame Triebansprüche durch die sogenannten Verdrängungen erledigt. Wir ergänzen sie jetzt durch die weitere Feststellung, dass das Ich in der gleichen Lebensperiode oft genug in die Lage kommt, sich einer peinlich empfundenen Zumutung der Aussenwelt zu erwehren, was durch die *Verleugnung* der Wahrnehmungen geschieht, die von diesem Anspruch der Realität Kenntnis geben. Solche Verleugnungen fallen sehr häufig vor, nicht nur bei Fetischisten, und wo immer wir in die Lage kommen, sie zu studieren, erweisen sie sich als halbe Massregeln, unvollkommene Versuche zur Ablösung von der Realität. Die Ablehnung wird jedesmal durch eine Anerkennung ergänzt, es stellen sich immer zwei gegensätzliche von einander unabhängige Einstellungen her, die den

Tatbestand einer Ichspaltung ergeben. Der Erfolg hängt wiederum davon ab, welche von beiden die grössere Intensität an sich reissen kann.

Die Tatsachen der Ichspaltung, die wir hier beschrieben haben, sind nicht so neu und fremdartig, wie sie zuerst erscheinen mögen. Dass in Bezug auf ein bestimmtes Verhalten zwei verschiedene Einstellungen im Seelenleben der Person bestehen, einander entgegengesetzt und unabhängig von einander, ist ja ein allgemeiner Charakter der Neurosen, nur dass dann die eine dem Ich angehört, die gegensätzliche als verdrängt dem Es. Der Unterschied der beiden Fälle ist im wesentlichen ein topischer oder struktureller und es ist nicht immer leicht zu entscheiden, mit welcher der beiden Möglichkeiten man es im einzelnen Falle zu tun hat. Die wichtige Gemeinsamkeit beider liegt aber im Folgenden: Was immer das Ich in seinem Abwehrbestreben vornimmt, ob es ein Stück der wirklichen Aussenwelt verleugnen oder einen Triebanspruch der Innenwelt abweisen will, niemals ist der Erfolg ein vollkommener, restloser, immer ergeben sich daraus zwei gegensätzliche Einstellungen, von denen auch die unterliegende, schwächere, zu psychischen Weiterungen führt. Es bedarf zum Schlusse nur eines Hinweises darauf, wie wenig von all diesen Vorgängen uns durch bewusste Wahrnehmung bekannt wird.

9. KAPITEL

DIE INNENWELT

Wir haben keinen anderen Weg, von einem komplizierten Nebeneinander Kenntnis zu geben als durch das Nacheinander der Beschreibung, und darum sündigen alle unsere Darstellungen zunächst durch einseitige Vereinfachung und warten darauf, ergänzt, überbaut und dabei berichtigt zu werden. Die Vorstellung eines Ichs, das zwischen Es und Aussenwelt vermittelt, die Triebansprüche des einen übernimmt, um sie zur Befriedigung zu führen, an dem anderen Wahrnehmungen macht, die es als Erinnerungen verwertet, das auf seine Selbsterhaltung bedacht sich gegen überstarke Zumutungen von beiden Seiten her zur Wehre setzt, dabei in all seinen Entscheidungen von den Weisungen eines modifizierten Lustprinzips geleitet wird, diese Vorstellung trifft eigentlich nur für das Ich bis zum Ende der ersten Kindheitsperiode (um 5 Jahre) zu. Um diese Zeit hat sich eine wichtige Veränderung vollzogen. Ein Stück der Aussenwelt ist als Objekt, wenigstens partiell, aufgegeben und dafür (durch Identifizierung) ins Ich aufgenommen, also ein Bestandteil der Innenwelt geworden. Diese neue psychische Instanz setzt die Funktionen fort, die jene Personen der Aussenwelt ausgeübt hatten, sie beobachtet das Ich, gibt ihm Befehle, richtet es und droht ihm mit Strafen, ganz wie die Eltern, deren Stelle es eingenommen hat. Wir heissen diese Instanz das *Überich*, empfinden sie in ihren richterlichen Funktionen als unser *Gewissen*. Bemerkenswert bleibt es, dass das

Überich häufig eine Strenge entfaltet, zu der die realen Eltern nicht das Vorbild gegeben haben. Auch dass es das Ich nicht nur wegen seiner Taten zur Rechenschaft zieht, sondern ebenso wegen seiner Gedanken und unausgeführten Absichten, die ihm bekannt zu sein scheinen. Wir werden daran gemahnt, dass auch der Held der Ödipussage sich wegen seiner Taten schuldig fühlt und sich einer Selbstbestrafung unterwirft, obwohl doch der Zwang des Orakels ihn in unserem wie im eigenen Urteil schuldfrei sprechen sollte. In der Tat ist das Überich der Erbe des Ödipuskomplexes und wird erst nach der Erledigung desselben eingesetzt. Seine Überstrenge folgt darum nicht einem realen Vorbild, sondern entspricht der Stärke der Abwehr, die gegen die Versuchung des Ödipuskomplexes aufgewendet wurde. Eine Ahnung dieses Sachverhaltes liegt wohl der Behauptung der Philosophen und der Gläubigen zu Grunde, dass der moralische Sinn dem Menschen nicht anerzogen oder von ihm im Gemeinschaftsleben erworben wird, sondern ihm von einer höheren Stelle eingepflanzt worden ist.

Solange das Ich im vollen Einvernehmen mit dem Überich arbeitet, ist es nicht leicht, die Äusserungen der Beiden zu unterscheiden, aber Spannungen und Entfremdungen zwischen ihnen machen sich sehr deutlich bemerkbar. Die Qual der Gewissensvorwürfe entspricht genau der Angst des Kindes vor dem Liebesverlust, die ihm die moralische Instanz ersetzt hatte. Auf der anderen Seite, wenn das Ich einer Versuchung erfolgreich widerstanden hat, etwas zu tun, was dem Überich anstössig wäre, fühlt es sich in seinem Selbstgefühl gehoben und in seinem Stolz bestärkt, als ob es eine wertvolle Erwerbung gemacht hätte. In solcher Art setzt das Überich fort, die Rolle einer Aussenwelt für das Ich zu spielen, obwohl es ein Stück Innenwelt geworden ist. Es vertritt für alle späteren Lebenszeiten den Einfluss der Kinderzeit des Individuums, Kindespflege, Erziehung und Abhängigkeit von den Eltern, der Kinderzeit, die beim Menschen durch das Zusammenleben in Familien so sehr verlängert worden ist. Und damit kommen nicht nur die persönlichen Eigenschaften dieser Eltern zur Geltung, sondern auch alles, was bestimmend auf sie selbst gewirkt hat, die Neigungen und Anforderungen des sozialen Zustandes, in dem sie leben, die Anlagen und Traditionen der Rasse, aus der sie stammen. Bevorzugt man allgemeine Feststellungen und scharfe Sonderungen, so kann man sagen, die Aussenwelt, in der sich der Einzelne nach der Ablösung von den Eltern ausgesetzt finden wird, repräsentiere die Macht der Gegenwart, sein Es mit seinen vererbten Tendenzen die organische Vergangenheit und das später hinzugekommene Überich vor allem die kulturelle Vergangenheit, die das Kind in den wenigen Jahren seiner Frühzeit gleichsam nacherleben soll. Solche Allgemeinheiten können nicht leicht allgemein richtig sein. Ein Teil der kulturellen Erwerbungen hat gewiss seinen Niederschlag im Es zurückgelassen, vieles, was das Überich bringt, wird einen Widerhall im Es wecken; manches, was das Kind neu erlebt, wird eine verstärkte Wirkung erfahren, weil es uraltes phylogenetisches Erleben wiederholt. („Was Du ererbt von Deinen Vätern hast, erwirb es, um es zu besitzen.") So nimmt das Überich eine Art von Mittelstellung zwischen Es und Aussenwelt ein, es vereinigt in sich die Einflüsse von Gegenwart und Vergangenheit. In der Einsetzung des Überichs erlebt man gleichsam ein Beispiel davon, wie Gegenwart in Vergangenheit umgesetzt wird. —

SOME ELEMENTARY
LESSONS IN PSYCHO-ANALYSIS

Dieses Bruchstück ist in der zweiten Hälfte 1938 in London geschrieben; es ist der Beginn einer zweiten Fassung des „Abriss der Psychoanalyse". Ein Teil dieses Manuskripts ist als Anmerkung zum Abriss in der Internationalen Zeitschrift für Psychoanalyse und Imago, Band XXV, 1940, Heft 1, S. 21, abgedruckt.

Wenn man ein bestimmtes Gebiet des Wissens — oder bescheidener ausgedrückt, der Forschung — für den Unkundigen darstellen will, hat man offenbar die Wahl zwischen zwei Methoden oder Techniken. Die eine wäre, von dem auszugehen, was jedermann weiss oder zu wissen glaubt und für selbstverständlich hält, ohne ihm zunächst zu widersprechen. Dann findet sich bald Gelegenheit, ihn auf Tatsachen aus demselben Gebiet aufmerksam zu machen, die er zwar kennt, aber bisher vernachlässigt oder nicht genügend gewürdigt hat. Anschliessend an diese kann man ihn dann mit anderen Tatsachen bekannt machen, von denen er nichts gewusst hat, und bereitet ihn so auf die Notwendigkeit vor, über sein bisheriges Urteil hinauszugehen, nach neuen Gesichtspunkten zu suchen und neue Annahmen zur Erklärung anzuhören. Auf diese Art beteiligt man den Anderen an dem Aufbau einer neuen Theorie des Gegenstandes und kann seine Einwendungen gegen sie bereits während der gemeinsamen Arbeit erledigt haben.

Eine solche Darstellung verdient den Namen einer g e n e t i - s c h e n, sie wiederholt den Weg, den vorher der Forscher selbst gegangen ist. Bei all ihren Vorzügen haftet ihr der Mangel an, dass sie dem Lernenden nicht genug Eindruck macht. Ihm wird etwas, was er entstehen und langsam unter Schwierigkeiten wachsen gesehen hat, lange nicht so imponieren, wie etwas, was ihm, anscheinend in sich geschlossen, fertig entgegentritt.

Die andere Darstellung, die grade dieses leistet, ist die d o g - m a t i s c h e, sie stellt ihre Ergebnisse voran, verlangt Aufmerksamkeit und Glauben für ihre Voraussetzungen, gibt wenig Auskünfte zu deren Begründung. Allerdings entsteht dann die Gefahr, dass ein kritischer Zuhörer sich kopfschüttelnd sagt: das klingt doch alles recht sonderbar; woher der Mann das nur weiss! Ich werde mich in meiner Darstellung keiner der beiden Methoden ausschliessend bedienen, vielmehr bald die eine, bald die andere befolgen. Über die Schwierigkeit meiner Aufgabe täusche ich mich nicht. Die Psychoanalyse hat wenig Aussicht, beliebt oder populär zu werden. Nicht nur, dass manche ihrer Inhalte die Gefühle vieler Menschen beleidigen, fast ebenso störend wirkt es, dass unsere Wissenschaft einige Annahmen einschliesst, die — man weiss nicht, soll man sie zu den Moralbesetzungen oder zu den Ergebnissen unserer Arbeit rechnen — dem gewohnten Denken der Menge höchst fremdartig erscheinen müssen und herrschenden Ansichten gründlich widersprechen. Es hilft uns nichts; mit der Erörterung zweier dieser bedenklichen Annahmen müssen wir die Reihe unserer kurzen Studien eröffnen.

Die Natur des Psychischen.

Die Psychoanalyse ist ein Stück der Seelenkunde der Psychologie. Man nennt sie auch „Tiefenpsychologie", wir werden später erfahren, warum. Wenn jemand fragen sollte, was das eigentlich ist, das Psychische, so ist es leicht, ihm mit dem Hinweis auf dessen Inhalte zu antworten. Unsere Wahrnehmungen, Vorstellungen, Erinnerungen, Gefühle und Willensakte, all dies gehört zum Psychischen. Aber wenn diese Frage dahin fortgesetzt wird, ob alle diese Vorgänge nicht einen gemeinsamen Charakter haben, der uns gestattet, die Natur oder, wie man auch sagt, das Wesen des Psychischen näher zu erfassen, dann ist die Antwort schwieriger zu geben.

Wenn man eine analoge Frage an einen Physiker gerichtet hätte, z.B. nach dem Wesen der Elektrizität, so würde seine Antwort — noch vor kurzem — gelautet haben: Zur Erklärung gewisser Erscheinungen nehmen wir elektrische Kräfte an, die den Dingen innewohnen und von ihnen ausgehen. Wir studieren diese Erscheinungen, finden ihre

Gesetze und machen selbst praktische Anwendungen von ihnen. Das genügt uns vorläufig. Das Wesen der Elektrizität kennen wir nicht, vielleicht erfahren wir es später im Fortschritt unserer Arbeit. Wir geben zu, dass unsere Unwissenheit gerade das Wichtigste und Interessanteste des ganzen Gegenstandes betrifft, aber das stört uns zunächst nicht. Es ist nun einmal nicht anders in den Naturwissenschaften. Die Psychologie ist auch eine Naturwissenschaft. Was sollte sie denn sonst sein? Aber ihr Fall liegt anders. Nicht jedermann getraut sich eines Urteils über physikalische Dinge, aber jeder — der Philosoph wie der Mann von der Strasse — hat seine Meinung über psychologische Fragen, benimmt sich, als wäre er wenigstens ein Amateurpsycholog. Und nun ereignet sich das Merkwürdige, dass Alle — fast Alle — darin einig sind, das Psychische habe wirklich einen gemeinsamen Charakter, in dem sein Wesen ausgedrückt ist. Es ist dies der einzigartige, unbeschreibliche aber auch einer Beschreibung nicht bedürftige Charakter der B e w u s s t h e i t. Alles Bewusste sei psychisch, umgekehrt, auch alles Psychische bewusst. Das sei selbstverständlich, Widerspruch dagegen unsinnig. Nun kann man nicht behaupten, dass mit dieser Entscheidung viel Licht auf das Wesen des Psychischen gefallen wäre, denn vor der Bewusstheit, einer der Grundtatsachen unseres Lebens, steht die Forschung wie vor einer Mauer. Sie findet keinen Weg, der irgendwohin weiter führt. Auch ergab sich durch die Gleichstellung des Seelischen mit dem Bewussten die unerfreuliche Folge, dass die psychischen Vorgänge aus dem Zusammenhang des Weltgeschehens gerissen und allem anderen fremd gegenübergestellt waren. Das ging doch nicht an, denn man konnte nicht lange übersehen, dass die psychischen Phänomene in hohem Grad von körperlichen Einflüssen abhängig sind und ihrerseits die stärksten Wirkungen auf somatische Prozesse üben. Wenn menschliches Denken jemals in eine Sackgasse geführt hat, so war es hier geschehen. Um einen Ausweg zu finden, mussten wenigstens die Philosophen die Annahme machen, es gäbe organische Parallelvorgänge zu den bewussten psychischen, ihnen in schwer zu erklärender Weise zugeordnet, die die Wechselwirkung zwischen ,,Leib und Seele" vermitteln und das Psychische wieder in das Gefüge des Lebens einschalten sollten. Aber diese Lösung blieb unbefriedigend.

Solchen Schwierigkeiten entzog sich die Psychoanalyse, indem sie der Gleichstellung des Psychischen mit dem Bewussten energisch widersprach. Nein, die Bewusstheit kann nicht das Wesen des Psychischen sein, sie ist nur eine Qualität desselben und zwar eine inkonstante Qualität, die viel häufiger vermisst wird, als sie vorhanden ist. Das Psychische an sich, was immer seine Natur sein mag, ist unbewusst, wahrscheinlich von ähnlicher Art wie alle anderen Vorgänge in der Natur, von denen wir Kenntnis gewonnen haben.

Zur Begründung ihrer Aussage beruft sich die Psychoanalyse auf eine Anzahl von Tatsachen, von denen im folgenden eine Auswahl gegeben wird. Man weiss, was man Einfälle nennt, Gedanken, die plötzlich fertig im Bewusstsein auftauchen, ohne dass man ihre Vorbereitungen kennt, die doch auch psychische Akte gewesen sein müssen. Ja, es kann geschehen, dass man auf solche Weise die Lösung eines schwierigen intellektuellen Problems erhält, über das man eine Weile vorher vergeblich nachgedacht hat. All die komplizierten Vorgänge von Auswahl, Verwerfung und Entscheidung, die die Zwischenzeit ausgefüllt haben, waren dem Bewusstsein entzogen. Wir schaffen keine neue Theorie, wenn wir sagen, sie sind unbewusst gewesen und vielleicht auch so geblieben.

Zweitens: Aus einer unübersehbar grossen Gruppe von Erscheinungen hebe ich ein einzelnes Beispiel heraus, das uns alle anderen vertreten soll. Der Präsident einer Versammlung (des österreichischen Abgeordnetenhauses) eröffnet einmal die Sitzung mit folgenden Worten: „Ich konstatiere die Anwesenheit von soundsoviel Herren und erkläre somit die Sitzung für g e s c h l o s s e n."[1]) Es war ein Fall von V e r s p r e c h e n, kein Zweifel, dass der Präsident sagen wollte: eröffnet. Warum also sagte er das Gegenteil? Man ist darauf vorbereitet, die Antwort zu hören: das war ein zufälliger Irrtum, ein Fehlgreifen der Intention, wie er sich unter allerlei Einflüssen leicht ereignet. Es hat nichts zu bedeuten und überdies ist es besonders leicht, gerade

1) Zur Psychopathologie des Alltagslebens. 1904.

Gegenteile miteinander zu vertauschen. Wenn man aber die Situation erwägt, in welcher das Versprechen vorfiel, wird man geneigt, eine andere Auffassung zu bevorzugen. Soviel frühere Sitzungen des Hauses waren unerquicklich stürmisch und erfolglos verlaufen und es wäre nur zu begreiflich, wenn der Präsident im Moment der Eröffnung gedacht hätte: ,,Wär' die Sitzung, die jetzt beginnen soll, doch schon vorüber. Ich würde sie lieber schliessen als eröffnen." Dieser Wunsch war ihm, als er zu sprechen begann, wahrscheinlich nicht gegenwärtig, nicht bewusst, aber er war gewiss vorhanden gewesen und es gelang ihm, sich gegen die Absicht des Sprechers in seinem anscheinenden Irrtum durchzusetzen. In unserem Schwanken zwischen zwei so verschiedenen Erklärungen wird ein einzelner Fall kaum die Erklärung bringen können. Aber wie, wenn alle anderen Fälle von Versprechen die nämliche Aufklärung zuliessen und ebenso die ähnlichen Irrtümer im Verschreiben, Verlesen, Verhören und Vergreifen? Wenn in all diesen Fällen — eigentlich ohne Ausnahme — ein psychischer Akt, ein Gedanke, Wunsch, eine Absicht nachweisbar wäre, die den angeblichen Irrtum rechtfertigen kann, und die zur Zeit, da sie ihre Wirkung äusserte, unbewusst war, obwohl sie vorher bewusst gewesen sein mag? Dann könnte man wirklich nicht mehr bestreiten, dass es psychische Akte gibt, die unbewusst sind, ja dass sie mitunter aktiv werden können, während sie unbewusst sind und dass sie dann sogar mitunter bewusste Absichten überwinden können. Das Individuum selbst kann sich gegen eine solche Fehlleistung verschieden verhalten. Es kann sie völlig übersehen, oder sie selbst bemerken, verlegen werden, sich ihrer schämen; es kann in der Regel die Erklärung des Irrtums nicht selbst finden, bedarf hiezu einer Nachhilfe, und sträubt sich oft gegen die ihm mitgeteilte Lösung — wenigstens für eine Weile.

Endlich drittens: Man kann an hypnotisierten Personen experimentell nachweisen, dass es unbewusste psychische Akte gibt und dass die Bewusstheit keine unentbehrliche Bedingung der Aktivität ist. Wer einen solchen Versuch mitangesehen, hat von ihm einen unvergesslichen Eindruck empfangen und eine unerschütterliche Überzeugung gewonnen. Es geht ungefähr vor sich: Der Arzt betritt das Krankenzimmer im Spital, stellt seinen Regenschirm in eine Zimmerecke, versetzt einen der Patienten in Hypnose und sagt ihm: Ich gehe jetzt fort, wenn ich wiederkomme, werden Sie mir mit aufgespanntem Schirm entgegengehen und ihn über meinen Kopf halten. Arzt und Begleiter verlassen darauf den Raum. Sobald sie wiedergekommen sind, vollzieht der jetzt wache Kranke genau das, was ihm in der Hypnose aufgetragen wurde. Der Arzt stellt ihn zur Rede: Ja was machen Sie denn da? Was hat das für einen Sinn? Der Patient ist offenbar verlegen, er stammelt etwas wie: Ich dachte nur, Herr Doktor, da es draussen regnet, würden Sie den Schirm schon im Zimmer aufspannen. — Eine offenbar unzulängliche Auskunft, im Augenblick erfunden, um sein unsinniges Benehmen irgendwie zu motivieren. Aber uns Zuschauern ist es klar, dass er sein wirkliches Motiv nicht kennt. Wir kennen es, denn wir waren zugegen, als er die Suggestion erhielt, die er jetzt befolgt hat, während er von ihrem Vorhandensein in ihm nichts weiss.[1]

Wir halten jetzt die Frage nach dem Verhältnis des Bewussten zum Psychischen für erledigt: Das Bewusstsein ist nur eine — überdies inkonstante — Qualität (Eigenschaft) des Psychischen. Wir haben uns noch gegen eine Einwendung zu verwahren, die uns sagt, es sei ungeachtet der erwähnten Tatsachen nicht notwendig, die Identität des Bewussten mit dem Psychischen aufzugeben. Die sogenannten unbewussten psychischen Vorgänge seien eben die längst zugestandenen organischen Parallelvorgänge des Seelischen. Dies würde unser Problem allerdings zu einer scheinbar gleichgültigen Frage der Definition herabsetzen. Unsere Antwort lautet, es wäre unberechtigt und sehr unzweckmässig, die Einheit des Seelenlebens zu Gunsten einer Definition zu zerbrechen, wenn wir doch sehen, dass das Bewusstsein uns nur unvollständige und lückenhafte Erscheinungsreihen liefern kann. Auch ist es kaum zufällig, dass es erst nach der Wandlung in der Definition des Psychischen möglich wurde, eine umfassende und zusammenhängende Theorie des seelischen Lebens zu schaffen.

---

[1] Versuche von Bernheim, die ich 1889 in N a n c y mitangesehen. Über den Zweifel an der Echtheit solcher hypnotischen Phänomene darf ich mich heute hinaussetzen.

Man darf übrigens nicht glauben, dass diese andere Auffassung des Psychischen eine der Psychoanalyse zu dankende Neuerung ist. Ein deutscher Philosoph, Theodor Lipps, hat mit aller Schärfe verkündet, das Psychische sei an sich unbewusst, das Unbewusste sei das eigentlich Psychische. Der Begriff des Unbewussten pochte schon seit langem um Aufnahme an die Pforten der Psychologie. Philosophie und Literatur haben oft genug mit ihm gespielt, aber die Wissenschaft wusste ihn nicht zu verwenden. Die Psychoanalyse hat sich dieses Begriffs bemächtigt, ihn ernst genommen, ihn mit neuem Inhalt erfüllt. Ihre Forschungen haben zur Kenntnis von bisher unvermuteten Charakteren des unbewussten Psychischen geführt, haben einige der Gesetze entdeckt, die in ihm herrschen. Mit alledem ist aber nicht gesagt, dass die Qualität der Bewusstheit ihre Bedeutung für uns verloren hat. Sie bleibt das einzige Licht, das uns im Dunkel des Seelenlebens leuchtet und leitet. Infolge der besonderen Natur unserer Erkenntnis wird unsere wissenschaftliche Arbeit in der Psychologie darin bestehen, unbewusste Vorgänge in bewusste zu übersetzen, solcher Art die Lücken in der bewussten Wahrnehmung auszufüllen.

ERGEBNISSE, IDEEN, PROBLEME
(LONDON, JUNI 1938)

Unter diesem Titel finden sich einige chronologisch geordnete Aufzeichnungen, aus denen die Herausgeber die folgenden ausgewählt haben.

16.VI. Interessant, dass von frühen Erlebnissen, im Gegensatz zu später, alle verschiedenen Reaktionen sich erhalten, natürlich auch gegensätzliche. Anstatt der Entscheidung, die später der Erfolg wäre. Erklärung: Schwäche der Synthese, Erhaltung des Charakters der Primärvorgänge.

12.VII. In Ersatz des Penisneides Identifizierung mit Klitoris, schönster Ausdruck der Minderwertigkeit, Quelle aller Hemmungen. Dabei — bei Fall X. — Verleugnung der Entdeckung, dass auch die anderen Frauen keinen Penis haben.

—Haben und Sein beim Kind. Das Kind drückt die Objektbeziehung gern durch die Identifizierung aus: ich bin das Objekt. Das Haben ist die spätere, fällt nach Objektverlust ins Sein zurück. Muster: Brust. Die Brust ist ein Stück von mir, ich bin die Brust. Später nur: ich habe sie, d.h. ich bin sie nicht. . . .

12.VII. Beim Neurotiker ist man wie in einer praehistorischen Landschaft, z.B. im Jura. Die grossen Saurier tummeln sich noch herum, und die Schachtelhalme sind palmenhoch (?).

20.VII. Die Annahme von Erbspuren im Es ändert sozusagen unsere Ansichten darüber.

20.VII. Dass das Individuum an seinen inneren Konflikten zugrunde geht, die Art im Kampf mit Aussenwelt, an die sie nicht mehr angepasst ist, verdient Aufnahme im Moses.

3.VIII. Schuldbewusstsein entsteht auch aus unbefriedigter Liebe. Wie Hass. Wirklich haben wir aus diesem Stoff alles mögliche herstellen müssen wie die autarken Staaten in ihren „Ersatzprodukten".

3.VIII. Letzter Grund aller intellektuellen und Arbeitshemmungen scheint die Hemmung der kindlichen Onanie zu sein. Aber vielleicht geht es tiefer, nicht deren Hemmung durch äussere Einflüsse, sondern deren unbefriedigende Natur an sich. Es fehlt immer etwas zur vollen Entlastung und Befriedigung — en attendant toujours quelque chose qui ne venait point — und dieses fehlende Stück, die Reaktion des Orgasmus, äussert sich in Aequivalenten auf anderen Gebieten, Absencen, Ausbrüchen von Lachen, Weinen (Xy), und vielleicht anderem.
— Die infantile Sexualität hat hier wieder einmal ein Vorbild fixiert.

22.VIII. Räumlichkeit mag die Projektion der Ausdehnung des psychischen Apparats sein. Keine andere Ableitung wahrscheinlich. Anstatt Kants a priori Bedingungen unseres psychischen Apparats. Psyche ist ausgedehnt, weiss nichts davon.

22.VIII. Mystik die dunkle Selbstwahrnehmung des Reiches ausserhalb des Ichs, des Es.

BIBLIOGRAPHISCHE ANMERKUNG

PSYCHOANALYSE UND TELEPATHIE
In englischer Sprache:
 1953 Übersetzt von George Devereux. In "Psychoanalysis and the Occult". International Universities Press, New York.

ABRISS DER PSYCHOANALYSE
In deutscher Sprache:
 1953 In Bücher des Wissens, No. 47. Fischer Verlag, Frankfurt a/M.
In englischer Sprache:
 1949 Übersetzt von James Strachey. The Hogarth Press, London.
In französischer Sprache:
 1949 Übersetzt von Anne Berman. Presses Universitaires de France, Paris.
In italienischer Sprache:
 1951 Übersetzt von Sante David. Editrice Universitaria, Florence.

INDEX

Abfuhr von Erregungen 13, 91
Abwehrvorgang und Ichspaltung 59–62
Agieren 101, 103
Aggressionstrieb 72
Aktivität als Ichfunktion 68
Ambivalenz der Übertragung 100f
Amentia 132
Amnesie, infantile 75
Anal-sadistische Phase 76
Analytische Situation 98
Angst vor Liebesverlust 131
    vom Vater gefressen zu werden 62
    -signal 68, 130
Anpassung als Ichfunktion 68
    von Individuum und Art 152
Apotropaeische Handlung 48
Arbeitshemmung 152
Archaische Elemente im Traum 89
Arterhaltung-Selbsterhaltung 113
Assoziationen zum Traum 92
Assoziationsgesetze 5
Astrologie 34
Athene, Göttin 47
Ätiologie der psychischen Störungen 78, 131
Attitudes passionelles 9, 10
Audienz, Dankes-beim Minister nach Ernennung zum Professor 40
Aussenwelt, Brust als Objekt der 115
    und Psychisches 84, 125–135
Autohypnose 5, 12, 17

"Bataillonen, Gott ist mit den stärkeren-" 108

Behaviourismus 79 Anm. 1
Beichte 99
Bernheim 146 Anm. 1
Berufswahl 120
Beschneidung 117 Anm. 1
Bewusstsein 79, 143
    -sinhalt, Dissoziation des 9
    -szustand, der zweite 6, 11f
Blendung 117 Anm. 1
B'nai B'rith Mitteilungen für Österreich VIII
    Ansprache an 51–53
Breuer VII, 3, 4, 7, 8
Brust-und Flaschenkind 115

Charcot 9, 10
Chemische Beeinflussung des seelischen Apparates 108
Cloakentheorie 76
Condition seconde 18

Délire terminal 9
St. Denis, Kustos von 44
Denken als Probehandlung 129
Denkzwang, Okkultismus als Befreier vom 30
Destruktionstrieb 71f
Diderot 119
Disharmonien als Krankheitsursachen des Neurotikers 110
Disposition zur Neurose 110
Dissoziation des Bewusstseinsinhaltes 9, 17

Dogmatische Darstellungsmethode 141
Dynamik des Psychischen 78

Eifersucht 75
Einfall 144
Einstein 28
Ekstase 12
Elektrakomplex 121
Elterneinfluss und Über-Ich 69
Empedokles von Akragas 71 Anm. 2
Energie, freie 87, 131
  gebundene 87, 131
  psychische 87
Entwöhnung 117
Epileptoide Phase des hysterischen Anfalls 9
Erbspuren im Es 151
Erinnerung, Theorie der 5
  unbewusste 11
  -sreste und Sprache 85
Erogene Zonen 73
  Mund als 76
Eros 71
Erregungssumme, Satz von der Konstanz der 5, 12f
  -n, Verschiebung von 5
Ersatzbefriedigung und Symptom 112
"Ersatzprodukte" 152
Erstarren beim Anblick des Medusenhauptes 47
Erziehung 112
Es 67f, 85, 128
  Erbspuren im 151
Essen, triebhafte Faktoren des 71
Ethische Forderungen 52

Fausse réconnaissance 23
Fehlleistungen 103, 144f
Feminine Einstellung des Mannes 121
Fetisch 61f
Fetischismus 133f

Fixierung der Libido 73
Flaschen-und Brustkinder 115
Flucht als Ichfunktion 68

Gattenwahl 121
Gedächtnis 68, 89
Gedankeninduktion 43
Gedankenübertragung s. Telepathie
Gefahr 68
Gegenbesetzung 87f
Gegensinn der Urworte 91
Gegenteil, Darstellung durch das 91
Genesungsbedürfnis 107
Genetische Darstellungsmethode 141
Genitale Phase 77
Genital-sexuell 75
Gewissen 136
  -svorwürfe 137
Grande attaque 9
Graphologie 41
Grundregel 99

Haben und Sein beim Kind 151
Halbträume 17
Halluzinationen 84
Halluzinatorische Lebhaftigkeit der in der Hypnose wachgerufenen Erinnerungen 17
Hamlet 119
Homosexualität 74, 78, 120
  der Griechen 47f
Hygienische Gefahren der Kulturentwicklung 72
Hypnoide Zustände 17
Hypnose, Auto- 5
Hypnotische Suggestion 9, 148
Hysterie, accidentelle 6
  Ätiologie der 5
  Disposition zur 5, 17
  Dispositions- 6
  der enthaltsamen Frauen 12
  der Kunstanhänger 12

Hysterie
  der Nonnen 12
  pathologische Formen der 6
  traumatische 11
  der wohlerzogenen Knaben 12
  -lehre, flächenhafte Darstellung der 5
Hystérique, grande attaque 9
Hysterischer Anfall 6, 7–13
  epileptoide Phase des 9
  Phase der attitudes passionelles im 9, 10
  Phase des délire terminal im 9
  Phase der grossen Bewegungen im 9
  Wiederkehr einer Erinnerung im 10f
Hysterische Dauersymptome 5
Stigmata als 6

Ich 68, 83f, 129ff
  Aussenweltsbeziehungen des 132
  drei Abhängigkeiten des 97
  -funktionen 68
  -spaltung 59–62, 133
  -veränderungen als Folge der Analyse 105
  -vorgänge, Synthese der 60
Identifizierung 120
  mit Klitoris 151
Impotenz 71
Infantile Amnesie s. Amnesie, infantile
Innenwelt 136–138
Instanzen des Psychischen 67, 83f
Intellektuelle Hemmung 152

Judentum 51f
Jura 151

Kant 152
Kastrationsdrohung 60, 116
Kastrationskomplex 77, 117ff

Kastrationsschreck 47
Kataleptischer Ruhezustand im hysterischen Anfall 10
Kind, Wunsch nach dem 121
Kindheitsneurose 111
Klitoriserregbarkeit beim Mädchen 76 Anm. 2
Klitorisminderwertigkeit und Charakterentwicklung 77
Konstruktion unbewusster Inhalte 82, 102
Krankheitsbedürfnis 105, 107
Kränkung 72
Kronos 62
"Kück des Rebben" 38
Kulturentwicklung, hygienische Gefahren der 72

Latenzzeit 75
Lebedame 42
Lebenszeit und Neurose 110ff
"Leib und Seele" 143
Leidensbedürfnis 105
Libido 72
  Beweglichkeit der 73
  Fixierung der 73
  narzisstische 73
  Objekt- 73
  Periodizität der 75 Anm. 1
  somatische Quellen der 73
  Trägheit der 108
  -besetzungen 73
Liebesverlust, Angst vor 131
Lipps, Th. 80, 147
Logik und Unbewusstes 91
Lokalisation der psychischen Vorgänge 67
Lust 68
  und Befriedigung des Destruktionstriebes 76 Anm. 1
  -mörder 71
  -prinzip 29

Lutschen 76

Magie, apotropaeische 48
Männlichkeit, Einschüchterung der 117
Masturbationsverbot 61f, 117 Anm. 1
Materialismus 29
Mechanistische Einstellung 29
Medium, Wahrsagerin als 34
Medusenhaupt 45-48
Menstruation und Geschlechtsleben 75 Anm. 1
Minderwertigkeit 151
Minister, Dankaudienz beim- nach Ernennung zum Professor 40
Moralischer Sinn 137
Mordversuch, unbewusster, auf der Zugspitze 32
Mutter als erstes Liebesobjekt 115
-leib, Rückkehr in den -szustand beim Schlaf 88
Mystik 28, 152

Nacherziehung durch Analyse 101
Nachtwächtergleichnis vom Traum 94
Nancy 146 Anm. 1
Narzissmus, primärer 72
Nationaler Stolz 52
Neurose 99
 Kindheits- 111
 und Lebenszeit 110ff
 traumatische 111
 -n, spezifische Krankheitsursachen der 109
 -bedingung, Kultureinfluss als 112, 131
 -prophylaxe 131
Nonnen, Hysterie der 12
Normalität-Neurose 109, 125

Objekt 115, 151
-libido 73

Ödipuskomplex 114ff
 Ausgang des 116
 und Über-Ich 137
Ödipusphase 77, 116
Ödipussage 114, 117 Anm. 1, 119
Okkulte Phänomene 27ff
Ökonomik des Psychischen 78
Onaniehemmung 152
Onaniephantasien 117
Orale Phase 76
Orgasmus und Onanie 152

Parallelvorgänge, physische, des Psychischen 80, 143
Paranoia 132
Partialtriebe 73, 112
 Organisation der 77
Penisneid 120, 151
Persönliche Gleichung 127
Perversion 74, 78, 114
Phallische Phase 76f, 116
 beim Mädchen 76 Anm. 2
Phänomenologie des Psychischen 78
Philosophische Kritik am Begriff "psychisch" 80ff
Posthypnotisches Mandat 145f
Prägenitale Besetzungen, Regression zu 78
Praehistorische Landschaft 151
Primärvorgang 86, 128, 151
"Professor, M. le" 38
Prophezeiung 31ff
Provinzen des Psychischen 67
Pseudopodien 73
Psychischer Apparat 67-69
Psychisches, Definition des Begriffes 79f
Psychoanalyse, Abfallsbewegungen von der 27
Psychologie als Naturwissenschaft 80, 126, 143
Psychose 98, 132

Pubertät und Sexualleben 74f
-sriten der Wilden 117 Anm. 1

Qualitäten, psychische 79-86
Quantitative Faktoren der Sexualentwicklung 78

Rabelais 48
Radium 28
Räumlichkeit und psychischer Apparat 152
Realität, Einspruch der gegen Triebbefriedigung 59
-sprinzip 129
-sprüfung 84, 130
Regression 78
Reizaufnahme 68
Reizschutz 68
Relativitätstheorie 28
Religiöser Glaube 29
Rindenschicht 68, 83
Roux 111

Sadismus 76, 76 Anm. 1
Sadistisch-anale Phase 76
-e Impulse in der oralen Phase 76
Sagenstoff 89
Saurier 151
Schermann, Rafael 41, 42, 43
Schlaftrieb 89
Schlafzustand 69f, 87
Schreck und Neurosenbeginn 10
-kataplexie 17
Schriftdeutung 41
Schuldbewusstsein aus unbefriedigter Liebe 152
Schuldgefühl 105, 152
"Schwache Punkte" der psychischen Organisation 110
Sekundäre Bearbeitung 90
Sekundärvorgang 86

Selbstbehauptung als Aufgabe des Ich 68, 130
Selbsterhaltung-Arterhaltung 113
Selbsterkenntnis in der Analyse 103
Selbstmordversuch wegen unerhörten Liebesantrag 42
unbewusster auf der Zugspitze 32
Selbstwahrnehmungen 129
Selbstzerstörung 72, 106
Sexualakt, triebhafte Faktoren beim 71
Sexualentwicklung und Neurose 112
Sexualforschung 77
Sexualfunktionen, Entwicklung der 74-78
Sexualität, kindliche 75ff
Sexualleben, tierisches und menschliches 75 Anm. 1, 113
Sexualtheorien, infantile 76
Sexualverbot, psychische Folgen des 131
Sexuelle Eindrücke und Hysterie 13, 18
Sexuell-genital 75
Shakespeare, W. 119 Anm. 1
Somnambulismus 18
Spaltung, psychische in der Psychose 133
Spezifische Krankheitsursachen der Neurosen 109
Spontanheilung von Psychosen 133
Sprachfunktion und Psyche 84f
Stigmata, hysterische 6
Sublimierung 77, 108, 132
Suggestion in Hypnose 146
und Psychoanalyse 102
Symbol, Medusenhaupt als 45-48
Schlangen als 47
-e im Traum 89
Synthese, Schwäche der 151
Synthetische Funktion des Ich 60, 107

Technik der Psychoanalyse 97-108

Telepathie 25–44
Tiefenpsychologie 142
Tierisches und menschliches Sexualleben 75 Anm. 1
Tierpsyche, Instanzenaufbau der 69
Tierpsychologie 69
Todestrieb 71f, 76 Anm. 1
Todeswunsch, unterdrückter 36
Tradition und Über-Ich 69
Traum 5, 87–94
   als "Psychose" 97
   Angst- 93
   Bequemlichkeits- 93
   Hunger- 92
   sexueller 93
   und Symptombildung 94
Träume, Halb- 17
Trauma, absolutes 5
   und hysterischer Anfall 10
   psychisches 10, 13, 59
Traumahnung 19–23
Traumarbeit 88, 90
Traumatische Neurose 111
Traumdeutung 87–94
Traumentstellung 88
Traumgedächtnis 89
Traumgedanke, latenter 88
Trauminhalt, manifester 88
Traumzensur 23
Trieb, Allg. 128
   Aggressions- 72
         Zurückhaltung des 72
   Destruktions- 71f, 76 Anm. 1
       und natürlicher Tod 72
   -entmischung 106
   -lehre 70–73
   -mischung 76
   -natur 110
   -zielverschiebung 70

Triebe
   konservative Natur der 70
   Partial- 73
   Schlaf- 88
   Todes- 71, 76 Anm. 1
Trotzeinstellung zum Vater 118

Überbesetzung 86
Über-Ich 69, 85, 136ff
   und Elterneinfluss 69
   und Milieuanforderungen 69
   und Ödipuskomplex 137
   und Tradition 69
   und Übertragung 100
Übertragung 100
   Ambivalenz der 100f
Unbewusst Psychisches 80ff, 147
Unbewusste Erinnerung 11
Unbewusster Wunsch 88
Unbewusstes, "Auftrieb" des 104
Unglücksfälle, reale und Neurosenheilung 106
Unlust 68
Urworte, Gegensinn der 92

Vater als Rivale 116
Verdichtung 90
Verdrängte, das 85
Verdrängung als Fluchtversuch 111, 134
   -swiderstand 104, 107
Verführung von Kindern 113
Vergessen 83
Verleugnung 134
Verliebtheit 73
Verschiebung 90
   von Erregungssummen 5
Versprechen 144
Vorbewusst 82, 85
Vorlust 77

Wahrsager 31ff

Weibliche Charakterentwicklung 77, 120
Widerstand 82f, 104
  als Bedingung der Traumbildung 83
  Verdrängungs- 104
Witz 83
Wunscherfüllung im Traum 92
Wutanfall 72

Zehen, Empfindlichkeit der kleinen- gegen Berührung 62
Zensur, Traum- 23
Zeus 62
Zwangshandlung, Anstecken der Wäsche an die Bettdecke als- 38
Zweizeitiger Ansatz des Sexuallebens 75

INHALT

Schriften aus dem Nachlass

	Seite
Vorwort	vii
Beiträge zu den "Studien über Hysterie"	
Brief an Josef Breuer	5
Zur Theorie des hysterischen Anfalles (Gemeinsam mit Josef Breuer)	9
Notiz "III"	17
Eine erfüllte Traumahnung	21
Psychoanalyse und Telepathie	27
Das Medusenhaupt	47
Ansprache an die Mitglieder des Vereins B'nai B'rith (1926)	51
Arbeiten aus dem Jahre 1938	
Die Ichspaltung im Abwehrvorgang	59
Abriss der Psychoanalyse	63
Die Natur des Psychischen	65
Die praktische Aufgabe	95
Der theoretische Gewinn	123
Some Elementary Lessons in Psycho-Analysis	141
Ergebnisse, Ideen, Probleme	151
Bibliographische Anmerkung	153
Index	155